USTED ES TESTIGO DE CRISTO

BILLY GRAHAM
Y REBECCA MANELY PIPPERT

EDITORIAL
Vida
DEDICADOS A LA EXCELENCIA

EDITORIAL VIDA es un ministerio misionero internacional cuyo propósito es proporcionar los recursos necesarios para evangelizar con las buenas nuevas de Jesucristo, hacer discípulos y preparar para el ministerio al mayor número de personas en el menor tiempo posible.

ISBN 0-8297-0970-3

Categoría: Ministerio evangelístico

Este libro fue publicado en inglés
con el título *You His Witness* por Frameworks

© 1989 por Inter-Varsity Press

Traducido por Camilo Duque

Edición en idioma español
© 1994 EDITORIAL VIDA
Deerfield, Florida 33442-8134

Cubierta diseñada por Barbara Wood,
Graphic Expressions Inc

ÍNDICE

PREFACIO

M i experiencia como testigo con frecuencia ha sido un fracaso. Odio tener que admitirlo pero es verdad. Tal vez sea activo en un movimiento evangelístico internacional pero podría hacer una lista de las muchas veces que he fracasado.

A veces me siento que soy mi buen amigo, el hermano Andrés, el contrabandista de Dios. En realidad, soy el hermano Jorge, el chapucero de Dios. Hace años tuve una gran visión de la antigua Unión Soviética y comencé a aprender el ruso. Fui a la Unión Soviética y pasé la frontera con mi imprenta y mis evangelios en cajas de cereal.

Manejé el viaje muy mal. Al segundo día de estar en la Unión Soviética, fui arrestado por la policía secreta y acusado de ser espía. Me encontré de vuelta en Austria más pronto de lo que me imaginaba. Había sido un fracaso de primera clase. Sin embargo, a medida que otros y yo oramos y confiamos en la promesa en Romanos 8:28, tuvimos una gran sensación de paz y seguridad de que Dios vencería. Hubo muchas luchas, pero estaba aprendiendo que la gran fe viene en medio de la lucha y, a veces, del fracaso.

En mi época de juventud, poco después de mi conversión, empujaba a las personas para que tomaran decisiones por Cristo, y mi entusiasmo y presión lograban "decisiones", pero no siempre eran conversiones. Pronto descubrí cuán complicado y difícil es hacerle seguimiento a los que profesan al Señor. Algunas veces, después de fracasar, el falso sentido de culpa caía sobre mí. Los fuertes mensajes de algunos predicadores o de libros me hacían ir a los extremos a medida que quería estar ciento por ciento comprometido y obediente. Cuando aprendí que esta era una meta para toda la vida que incluía el fracaso, me sentí mucho más en paz conmigo y con Dios.

El Señor usó el fracaso socioeconómico y político de la antigua Unión Soviética como la vía de entrada para el evangelio. Poco después pasaba un día en oración en las montañas cerca de Viena. Allí, en mi quebrantamiento, el Señor me dijo dos palabras: "Operación movilización". Es decir, llegar a ellos con el evangelio de Cristo.

El fracaso puede ser la vía secreta de Dios. No quiero que nadie piense que la evangelización es un truco fácil y rápido que uno puede realizar. "Memorice estas palabras y la gente verá a Jesucristo." Ese no es el camino de Dios. Su plan es usar nuestro fracaso y enseñarnos por ese medio. Si a usted le parece que testificar es lo más difícil que puede hacer, entonces no se sorprenda. Al final vale la pena. Estamos haciendo la voluntad del Señor.

No hay nada tan estimulante como ver a alguien que se salva. En mi experiencia, cada nuevo cristiano es digno de celebrar. Trae un gozo maravilloso. Y lo que siento no es nada comparado con lo que debe estar pasando con los ángeles en el cielo. ¡Ellos de verdad deben sentirse en las nubes!

En su ministerio, Jesús con frecuencia empleó la expresión verbal "es necesario": "Me es necesario ir a Jerusalén." "Te es necesario nacer de nuevo." "Es necesario que el Hijo del hombre padezca." "Es necesario que se cumpla lo que está escrito."

Parte de nuestro llamado como cristianos también tiene que ver con la expresión "es necesario". Tenemos que hablarles a los demás de Él. De la misma manera que para Jesucristo "era necesaria" la obediencia, aun hasta la muerte, así "es necesario" que nosotros, sus seguidores, llevemos a otros el evangelio. Lo hacemos por amor, no por culpa, y con frecuencia podemos cometer errores. Pero el fracaso puede ser la vía secreta de Dios a medida que aprendemos a hablarles a los demás de nuestra fe.

En estos capítulos, el doctor Billy Graham y Rebecca Manley Pippert explican lo que es necesario para ser testigo. Alabo lo que dicen de todo corazón porque explican que lo que somos, como pueblo de Dios, es tan importante como lo que decimos sobre su mensaje. Aún nuestro fracaso puede ser utilizado por Él.

Cuando fracasamos como cristianos, eso no necesita ser el final de la historia. No necesitamos tomar el próximo autobús de regreso a casa. Eso es porque Dios no está preocupado sólo con nuestros disparates (aunque lo está), sino también le importa cómo manejamos esos disparates. Si usted o yo dejamos de aprovechar una oportunidad, o entramos demasiado duro en la evangelización, o damos mal ejemplo, ¿cómo respondemos o reaccionamos? Para Dios eso puede ser tan importante como el error mismo. A Él le interesan los fracasos y lo que hacemos con ellos.

Todo el mundo ha tenido fracasos, pero ¿cuán rápido

nos recuperamos y volvemos a trabajar para Él? Permita que este libro vigorizante y emocionante le ayude a hacer exactamente eso. Dios lo ha perdonado, entonces perdónese usted mismo y comience con su "es necesario" de anunciar a Cristo. Estas páginas le muestran cómo.

George Verwer
Bromley, Inglaterra.

1

¿ES USTED UN SEGUIDOR DE JESUCRISTO?

El capítulo sexto del libro de Isaías relata un acontecimiento espectacular que no sólo afectó profundamente la vida de Isaías, sino que por medio de él, por fin, influyó en la vida de toda la nación.

En el año que murió el rey Uzías vi yo al Señor sentado sobre un trono alto y sublime, y sus faldas llenaban el templo. Por encima de él había serafines; cada uno tenía seis alas; con dos cubrían sus rostros, con dos cubrían sus pies, y con dos volaban. Y el uno al otro daba voces, diciendo: Santo, santo, santo, Jehová de los ejércitos; toda la tierra está llena de su gloria.

Y los quiciales de las puertas se estremecieron con la voz del que clamaba, y la casa se llenó de humo. Entonces dije: ¡Ay de mí! que soy muerto; porque siendo hombre inmundo de labios, y habitando en medio de pueblo que tiene labios inmundos, han visto mis ojos al Rey, Jehová de los ejércitos.

Y voló hacia mí uno de los serafines, teniendo en su mano un carbón encendido, tomado del altar con unas tenazas; y tocando con él sobre mi boca, dijo: He aquí que esto tocó tus labios, y es quitada tu culpa, y limpio tu pecado. Después oí la voz del Señor, que decía: ¿A quién enviaré, y quién irá por nosotros? Entonces respondí yo: Heme aquí, envíame a mí. Y dijo: Anda, y di a este pueblo.*

UNA SITUACIÓN DE CRISIS

"Anda, y di a este pueblo." Aunque no puedo evitar pensar en diecisiete mil grupos de personas no alcanzadas con el evangelio por todo el mundo, el mensaje que deseo darles es personal.

Usted pudiera enfrentar crisis personales cuando lee esto. Pudiera ser la familia, el divorcio de sus padres o la prolongada enfermedad de alguien a quien ama. Pudiera ser una crisis en su propia vida personal. Pudiera ser que una relación muy importante se esté acabando, o tal vez se haya cerrado una puerta de una oportunidad que parecía ser la realización de sus sueños. Ahora no está seguro de lo que el futuro le depara.

O la crisis pudiera ser espiritual. Usted está luchando con una decisión que determinará la dirección de su vida. Y como Jacob, está luchando con Dios. El resultado todavía es dudoso. Usted espera encontrar la respuesta.

Usted pudiera estar buscando algo que completará su

---

*Isaías 6:1-9

vida. Usted no tiene la seguridad de que si muriera hoy iría al cielo. No está seguro de que sus pecados han sido perdonados.

Cualquiera que sea su problema, quiero animarlo diciéndole que puede convertirse en una oportunidad hacia una relación nueva y profunda con Dios. Con frecuencia una crisis de la vida, la desilusión y el dolor hacen que volvamos nuestra mirada hacia Dios. En las épocas difíciles se caen las escamas de nuestros ojos, y somos motivados a poner en Él nuestra mirada.

Isaías fue al templo porque había una crisis en Israel. El rey Uzías acababa de morir. Durante cincuenta y dos años había sido el gobernante de Judá, más tiempo que ningún otro rey hasta ese momento. Su reinado se había caracterizado por la paz y una prosperidad sin comparación, la prosperidad más grande en la historia de Judá.

Pero ahora la nación enfrentaba una serie de situaciones críticas. Del oriente llegaban rumores de un nuevo rey hostil y agresivo sentado en el trono de Asiria, el archienemigo de Judá. Había una crisis económica. ¿Continuaría la prosperidad material bajo el inexperto hijo de Uzías? Había una crisis social. La prosperidad material no sólo había traído grandes riquezas, sino mucha pobreza e injusticia social.

También había una crisis espiritual. Durante sus primeros años Uzías había sido un rey piadoso, pero a medida que pasaban los años y tenía más y más éxito, se fue volviendo cada vez menos interesado en la voluntad de Dios. La Biblia dice: "Mas cuando ya era fuerte, su corazón se enalteció para su ruina; porque se rebeló contra Jehová su Dios."*

---

*2 Crónicas 26:16

Usted y yo vivimos en un mundo de gran incertidumbre y trastornos. No importa hacia donde dirijamos nuestras miradas, vemos señales de agitación política, social, económica y espiritual. Cada vez que se acerca el final de un año, muchas de nuestras revistas importantes y periódicos presentan artículos que pronostican el porvenir del nuevo año. ¿Qué traerá? Por lo general estos artículos son pesimistas.

Hay personas en todo el mundo que temen a lo que el futuro les pueda deparar. En épocas recientes hemos sido testigos del tratado de desarme; pero eso es sólo un avance de un pie en la carrera de cien yardas entre nosotros y el desarme. Como lo dijo el Secretario de Estado norteamericano: "Todavía tenemos suficientes bombas para destruir este planeta en treinta minutos." Y muchos países aparte de los Estados Unidos y la Unión Soviética tienen armas nucleares. ¿Tiene la raza humana la fortaleza moral y espiritual para suspender esta loca carrera hacia la destrucción?

¿ERA ISAÍAS UN JOVEN ACOMODADO?

Isaías era un joven que vivía en medio de la agitación y de la incertidumbre. Vivía en la gran ciudad de Jerusalén, y la antigua tradición judía cuenta que estaba emparentado con la familia real. Tal vez se había deslumbrado por el éxito y las riquezas. Pero de pronto Isaías se dio cuenta de que el mundo jamás sería lo mismo. Iba a cambiar. Un artículo en el periódico *The Chicago Tribune* llevaba este titular: "Los jóvenes acomodados abandonan las mejores cosas de la vida por una vida mejor." Seguía diciendo que esos jóvenes están insatisfechos y desilusionados. Poseen cocinas con todos los adelantos modernos, automóviles último modelo, equipos de televisión, pero no han encontrado vidas de calidad.

Donde quiera que viajo alrededor del mundo encuentro personas que hacen las mismas preguntas: ¿Cuál es el significado y el propósito de la vida? ¿De dónde vinimos? ¿Por qué estamos aquí? ¿A dónde vamos? ¿Por qué está pasando todo de esta manera? Las inteligencias más grandes del mundo ofrecen una colección de respuestas que nos dejan perplejos. Freud dice que para que usted cambie, tiene que resolver sus conflictos del subconsciente. Carlos Marx dice que para que usted cambie, tiene que ayudar a establecer una sociedad sin clases sociales. Carl Jung dice que para que usted cambie, tiene que padecer el misterio del proceso de transformación. Carl Rogers dice que para que usted cambie tiene que estar libre para auto actualizarse. B. F. Skinner dice que para que usted cambie, tiene que modificar sus mecanismos de estímulo-respuesta.

Isaías descubrió que la cosa más transformadora en la vida es conocer a Dios personalmente y hacer su voluntad. Isaías nos hace un relato detallado personal e íntimo de su experiencia con Dios, una experiencia que de múltiples maneras puede ser su experiencia a medida que conoce a Cristo y responde a su llamada. Permítame resumirle esta experiencia en cinco palabras.

COMPRENSIÓN

Primero existió la *comprensión*. Isaías comprendió quién era Dios. No sabemos cuán profundos eran su compromiso y su creencia en Dios anteriormente, pero ahora llega a comprender a Dios de una nueva manera. Se da cuenta quién es y cómo es Dios verdaderamente. Tiene una visión del Señor, alta y elevada, que resalta su majestad y gloria. Entonces ve a los serafines que eran seres angelicales: "Y el uno al otro daba voces, diciendo: Santo, santo, santo, Jehová de los ejércitos; toda la tierra está llena de su gloria."*Su triple alabanza resalta la santidad y la rectitud de Dios, haciendo énfasis en cuán importante es que entendamos que Dios es absolutamente santo, puro y recto. El profeta Habacuc dijo de Dios: "Muy limpio eres de ojos para ver el mal, ni puedes ver el agravio."** La Biblia nos dice que a menos que tengamos esa misma rectitud y esa misma santidad nunca llegaremos al cielo.

Hoy hemos perdido de vista la santidad de Dios. Algunas personas han practicado malos hábitos o han tenido malas relaciones, y los han justificado y excusado porque han perdido de vista la santidad de Dios. Pero la Biblia advierte: "No os engañéis; Dios no puede ser burlado: pues todo lo que el hombre sembrare, eso también segará. Porque el que siembra para su carne, de la carne segará corrupción; mas el que siembra para el Espíritu, del Espíritu segará vida eterna."***

Cristo murió en la cruz para proporcionarnos la rectitud y la santidad que no podemos tener prescindiendo de Él. Cuando confiamos en Cristo para nuestra salvación, somos vestidos con la rectitud de Dios. Cuando Dios nos mira, ve la rectitud de Cristo y no nos condena. ¡Qué maravilla!

*Isaías 6:3
**Habacuc 1:13
***Gálatas 6:7-8

¿Ha comprendido quién y cómo de verdad es Dios? Podemos vislumbrarlo en la creación y en nuestra propia conciencia y a veces en las cosas que hacen otras personas. Pero en realidad no vemos a Dios tal como es hasta que lo vemos en su Palabra, la Biblia. Conocemos a Dios mediante las Escrituras. Esa es la razón por la cual es importante estudiar la Biblia, meditar sobre ella día y noche. Pero pasamos mucho tiempo mirando la televisión o leyendo revistas, divirtiéndonos cuando debiéramos estar con la Biblia. Allí comprendemos a Dios en toda su santidad y rectitud.

CONVICCIÓN

La segunda palabra que deseo mencionar es *convicción*. Tan pronto como Isaías vio quién era Dios verdaderamente, su respuesta inmediata fue una profunda convicción de su propia pecaminosidad. "Entonces dije: ¡Ay de mí! que soy muerto; porque siendo hombre inmundo de labios, y habitando en medio de pueblo que tiene labios inmundos, han visto mis ojos al Rey, Jehová de los ejércitos."*

Todas las personas que alguna vez han visto un verdadero reflejo de Dios quedan profundamente convencidas de su propio pecado. Cuando Pedro vio al Señor, dijo: "Apártate de mí, Señor, porque soy hombre pecador."** Cuando Job vio la gloria y la santidad de Dios, dijo: "Me aborrezco."*** Cuanto más cerca uno esté de Cristo tanto más pecador se va a sentir. Cuanto más cerca uno esté de Cristo tanto más indigno va a ser. El hecho de

*Isaías 6:5
**Lucas 5:8
***Job 42:6

que una persona esté consciente de su pecado y se sienta culpable es una señal de luz espiritual. La condición más peligrosa es una en la cual uno ya no puede sentir que se ha alejado de Dios.

Mucho de lo que sucede hoy día en los círculos cristianos nos muestra que en realidad no hemos comprendido y sentido a Dios como lo hizo Isaías. Hemos llegado al punto en que nos hemos vuelto impertinente con relación a Dios. Decimos chistes de Él. El nombre de Dios se emplea con tanta frecuencia en el lenguaje profano en el mundo de la farándula de hoy, que da tristeza. No nos damos cuenta de cuánto ofende eso a un Dios santo y recto. Actuamos como si en realidad no importara cómo vivimos o qué pensamos o decimos porque creemos que Dios nos perdonará de todas maneras. Olvidamos que estamos en suelo santo. La Biblia dice que todos necesitamos el perdón de Dios, "por cuanto todos pecaron, y están destituidos de la gloria de Dios".*

Recuerdo una convención de 1948. Uno de los conferenciantes, Donald Grey Barnhouse, de Filadelfia, era un gigante como predicador y pronunció un sermón sobre el infierno y otro sobre la separación del mundo. Nunca olvidaré su mensaje sobre la separación del mundo. Nos hemos alejado de aquello. Nos hemos mudado dentro del mundo y le hemos permitido al mundo penetrar en la manera como vivimos. Así que las cosas que antes llamábamos pecado ya no son pecado. Las cosas que hubiéramos aborrecido hace unos años, las aceptamos como lo más natural hoy, sin darnos cuenta de que ofenden a un Dios santo.

*Romanos 3:23

Trato de caminar o de nadar todos los días, y a medida que camino o nado, me encuentro orando. No tengo que orar demasiado tiempo antes de estar confesando cosas que el Espíritu Santo me indica en mi vida y que no me había dado cuenta de que estaban allí. ¿Alguna vez ha tenido esa experiencia? ¿Se da cuenta de que necesita el perdón de Dios, y que necesita estar reconciliado con Él?

CONFESIÓN

La comprensión que Isaías tuvo de Dios y la convicción de su propio pecado nos lleva a la tercera palabra que quisiera mencionar, y esa es *confesión*. En el versículo 5 dice: "Siendo hombre inmundo de labios, y habitando en medio de pueblo que tiene labios inmundos, han visto mis ojos al Rey, Jehová de los ejércitos."

No sólo fue convencido de su pecado, sino que lo confesó abiertamente. Algunas veces podemos sentirnos culpables, muy culpables, y sin embargo, nunca hacemos nada al respecto porque tenemos miedo de enfrentarlo y de arrepentirnos. Pero Dios no puede usarnos de la manera que Él quiere si nos negamos a confesar nuestro pecado y buscar su limpieza. El salmista anunció: "Si en mi corazón hubiese yo mirado a la iniquidad, el Señor no me habría escuchado."*

Ha habido ocasiones en mi vida en las cuales me he sentido abrumado por la convicción de mi propio fracaso y pecado y he salido solo, a confesar todos los pecados de los que me pudiera acordar, pidiéndole a Dios que me perdonara y me limpiara para que me pueda usar. La Biblia dice: "Sino, como aquel que os llamó es

---

*Salmo 66:18

santo, sed también vosotros santos en toda vuestra manera de vivir; porque escrito está: Sed santos, porque yo soy santo."* Le pido, a medida que usted lee esto, que abandone cualquier cosa que lo esté alejando de Cristo y que le entregue su vida sin reserva a Él.

LIMPIEZA

Después de la comprensión, la convicción y la confesión, está la *limpieza*. El versículo 6 dice: "Y voló hacia mí uno de los serafines, teniendo en su mano un carbón encendido, tomado del altar con unas tenazas; y tocando con él sobre mi boca, dijo: He aquí que esto tocó tus labios, y es quitada tu culpa, y limpio tu pecado." Observe que Dios proveyó la respuesta para el pecado de Isaías, pues un carbón fue tomado del altar. Toda su bondad, toda su herencia, todas sus intenciones y resoluciones sobre el futuro no podían traer limpieza. Sólo Dios puede perdonarnos, y ha ofrecido la forma. El ángel tomó el carbón encendido del altar para limpiarlo de pecado.

Cuando pasamos al Nuevo Testamento, entendemos más plenamente lo que Dios ha hecho y lo que fue anunciado aquí. La Biblia dice que el ser humano no puede salvarse y que usted y yo sólo merecemos el juicio de un Dios santo. Pero la Biblia también nos dice que Dios nos ama, y que la máxima prueba de su amor es que envió a su Hijo unigénito, Jesucristo, al mundo para morir como el sacrificio perfecto y final por el pecado.

No entiendo cómo Dios pudo permitir que su Hijo, su único Hijo, fuera clavado a una cruz romana. No entiendo cómo Dios en ese momento misterioso tomó

---
*1 Pedro 1:15-16

nuestros pecados y los colocó sobre su Hijo. Jesucristo nunca había cometido inmoralidad. Nunca había dicho una mentira. Nunca había robado nada. Nunca tuvo malos pensamientos. De pronto era culpable de todo eso.

"Al que no conoció pecado, por nosotros lo hizo pecado, para que nosotros fuésemos hechos justicia de Dios en él."* Sólo piense en Cristo volviéndose pecado, el pecado de usted, las cosas que ha hecho, las cosas que ha pensado hacer, las cosas que están en el registro. ¿No sería maravilloso ir a la cama esta noche y saber que todos los pecados que usted ha cometido han sido atendidos y que usted está a cuentas con el Señor?

Usted puede estar leyendo esto sin nunca haber entregado su vida a Cristo. No puede decir con sinceridad que es un verdadero seguidor de Él. Tal vez usted haya supuesto que lo era, pero en lo más profundo de su ser está incierto sobre su relación con Dios, y sabe que necesita hacer un compromiso firme. Tal vez en lo más profundo de su ser haya un vacío y una soledad, y se encuentra en la búsqueda espiritual de Dios. Cristo quiere entrar en su vida. Él quiere perdonarlo y limpiarlo, y quiere que sea su hijo para siempre. Él quiere que sea su discípulo, y quiere darle un nuevo significado y propósito en la vida.

DESAFÍO

Después de la limpieza de Isaías vino el *desafío*. El versículo 8 dice: "Después oí la voz del Señor, que decía: ¿A quién enviaré, y quién irá por nosotros? Entonces respondí yo: Heme aquí, envíame a mí."

¿Por qué hizo Dios esa pregunta? Hay dos razones.

---

*2 Corintios 5:21

La primera razón por la que Dios hizo esa pregunta es porque Él quiere que el hombre y la mujer lleguen a conocerlo, pero nunca llegarán a conocerlo si no escuchan el evangelio. Dios mira a este mundo que se encuentra en rebelión contra Él, y siente tristeza. Él no está satisfecho quedándose atrás y permitiendo que el mundo siga en su camino hacia una eternidad sin Cristo. Dios ha hecho todo lo posible para recuperar a la humanidad perdida, y ansía tener hombres y mujeres de todas las razas y países de la tierra que se vuelvan a Él y le lleguen a conocer. Ya les está hablando a las personas de la China. Ya les está hablando a las personas de la Unión Soviética. Ya les está hablando a las personas del Medio Oriente de maneras que nos dejarían asombrados si supiéramos.

NOTICIAS DE LA CHINA

Hace algún tiempo recibimos una carta de una mujer que se encontraba asistiendo a una escuela en la China. Nos contó este breve relato.

El otro día salí con dos maestras japonesas. Me pidieron que las acompañara en un viaje a una montaña, a dos días de distancia. Ya rumbo a la montaña pasamos junto a un viejo pordiosero sentado a la orilla del camino. Algo particular tocó mi corazón y me pareció que Dios me susurró: "Ve y háblale." Pero no lo hice. Decidí esperar hasta el regreso. Y efectivamente, a nuestro regreso, todavía estaba allí. Fui hasta él y le hablé de Jesucristo. Le corrieron las lágrimas por las mejillas. "He estado hablando con Él toda mi vida, pero no sabía su nombre", me dijo.

Es que el Señor se está revelando a las personas de tantas maneras que tal vez usted ni siquiera haya soñado. Me encuentro con personas en diferentes partes del mundo donde el evangelio no se puede anunciar por fuera de las paredes del templo, o en algunos casos sólo bajo severas restricciones. Me cuentan que escuchan la Radio Transmundial. O que han leído un tratado evangélico. Conozco a un hombre que es el Ministro de Salud Pública de su país. Iba calle abajo, y un pedazo de papel se le pegó a su zapato. Cuando llegó a casa lo arrancó fastidiado. Pero era sobre el evangelio. Lo leyó y se volvió cristiano y se ha convertido en un gran maestro de la Biblia en su país. Alguien había botado un folleto.

Se considera que en la actualidad en la China hay entre treinta y cincuenta millones de cristianos. Cuando los misioneros abandonaron el país en los años cuarenta, se calculaba que habría unos setecientos mil cristianos chinos. ¿De dónde llegaron? ¿Que pasó en la China? Este crecimiento masivo de la iglesia que ha tenido lugar durante las últimas décadas sin predicación pública, sin literatura, sin radio, sin televisión, sin nada, es obra del Espíritu Santo. Las personas daban ejemplo de su vida cristiana frente a sus compañeros de trabajo y éstos venían y les preguntaban: "¿Cuál es la diferencia en su vida? Pequeños grupos comenzaron a reunirse en las casas. Grupos pequeños surgían aquí y allá. Cuando llegó la revolución cultural, fueron a la cárcel y padecieron por su fe. No abandonaron al Señor. Y hoy vemos la evidencia del poder del evangelio.

No creo que todos debiéramos abordar un avión e irnos a la China como misioneros. Ya han probado que por medio del poder de Dios pueden evangelizar la China. Sí, podemos ayudar. Podemos ir como maestros e ingenieros. Podemos apoyar económicamente la iglesia de la China bien con nuestra presencia o con nuestras oraciones. Pero por ahora permitámosles a los chinos que construyan su propia iglesia. Tal vez llegue el día en que puedan enviar algunos misioneros aquí, y nosotros podamos enviar algunos a la China. Pero por el momento, ni siquiera usemos la palabra misionero cuando hablemos de la China.

¿QUIÉN IRÁ?

La segunda razón por la cual Dios hizo la pregunta "¿Quién irá?" es porque el mensaje de Dios exige mensajeros. La Biblia dice: "¿Cómo, pues, invocarán a aquel en el cual no han creído? ¿Y cómo creerán en aquel de quien no han oído? ¿Y cómo oirán sin haber quien les predique? ¿Y cómo predicarán si no fueren enviados?"*

Dios ve nuestro mundo hoy, en toda su perdición y necesidad espiritual, y dice: "¿Quién irá por nosotros?" ¿Quién irá a los centros urbanos multitudinarios de nuestro mundo? ¿Quién irá a las pequeñas aldeas, a las personas escondidas, a las universidades, a los lugares difíciles, a nuestro mismo país? ¿Quién anunciará con palabras y hechos el amor de Cristo para los que no lo conocen? El desafío es para usted y para mí, a medida que Dios nos guía y nos llama. Usted no puede continuar siendo el mismo una vez que ha visto el mundo como Dios lo ve, y una vez que ha visto su vida como Dios la ve.

Isaías contestó: "¡Aquí estoy! ¡Envíame!" Dios no le había prometido a Isaías que sería fácil o encantador o romántico o que las personas lo alabarían. Sé que es muy bueno pensar que podemos abordar un barco o un avión

*Romanos 10:14-15

y llegar a algún lugar lejano donde Dios de alguna manera nos llenará con el Espíritu Santo, y seremos del todo diferentes. Pero si usted no está ganando personas para Cristo aquí, si no le está sirviendo a Cristo aquí, no lo puede hacer allá. Usted tiene que dar su testimonio aquí en su sitio de trabajo, en su universidad.

Dios nos llama para que hagamos algo especial en nuestra generación. Negarnos a nosotros mismos, tomar la cruz y seguirlo donde las masas necesitan a Cristo. Nos está llamando para que consideremos su llamado antes que nuestras carreras, a luchar en oración por la misión que tiene para nosotros. Dios nos llama para que miremos al mundo y lo veamos como Él lo ve y respondamos la pregunta: "¿Quién irá por nosotros?"

Billy Graham

2

MISIÓN IMPOSIBLE: COMPROMISO SINCERO

ien recuerdo el año de 1939, cuando Hitler invadió a Polonia, yendo tras la ciudad de Gdansk, la que entonces se llamaba Danzig. Hitler quería un corredor al mar, y su acción fue el comienzo de la Segunda Guerra Mundial. Polonia se encuentra ubicada en medio de Europa y ha sido el campo de batalla de muchas de las grandes guerras que han ensangrentado a Europa de un extremo al otro. Muchas de esas guerras se han iniciado por causa de Polonia.

LA PERSPECTIVA POLACA

En 1980 me encontraba en Polonia, dando conferencias y discursos en la Universidad de Varsovia. Fueron lo suficientemente amables de otorgarme un grado de doctor. Pude hablar con el Ministro de Relaciones Exteriores y otras personalidades cuyos nombres aparecían en los titulares de los periódicos, incluso el finado Cardenal Wyszynski. Fui a Roma a ver al Papa. Hablamos de Polonia y sobre otros acontecimientos mundiales, y pude ver su preocupación por la paz mundial. Mi propia convicción fue fortalecida en cuanto a que los cristianos no podemos permanecer callados y permitir que el mundo llegue al punto del genocidio de la raza humana sin por lo menos hablar y orar por la paz. Esa no siempre ha sido mi posición, pero ahora lo es porque un nuevo factor ha surgido en mi manera de pensar: la terrible tecnología que la ciencia ha creado, la cual puede destruir la raza humana. Como es natural, sabemos por la Biblia que al final Dios intervendrá, y el Príncipe de paz regresará, y los reinos de este mundo serán suyos. Pero hasta entonces, sea la hora que sea — dentro de mil años, dentro de cien años o mañana — tenemos que continuar con nuestras actividades de dar testimonio a todo el mundo anunciando el evangelio del Señor Jesucristo.

"Pero *recibiréis poder,* cuando haya venido sobre vosotros el Espíritu Santo, y me seréis testigos en Jerusalén, en toda Judea, en Samaria, y hasta lo último de la tierra."* Jesús les dio a sus apóstoles una tarea imposible, una misión imposible.

Era geográficamente imposible porque gran parte del mundo no había sido todavía descubierto; físicamente imposible porque no tenían aviones o radios o la televisión o los periódicos, y no tenían manera de trasladarse de un lado a otro fuera del camello y del asno. Numéricamente, eran muy pocos: un máximo de ciento veinte

---

*Hechos 1:8

en Pentecostés. En cuanto al aspecto económico, Flavio Josefo cuenta que la riqueza de la iglesia en ese tiempo equivalía como a unos cincuenta mil dólares norteamericanos. De acuerdo con las leyes vigentes, en la mayor parte del mundo conocido era ilícito hablar de Jesucristo. Logísticamente, Jesucristo les había dicho que fueran a Jerusalén, Judea y Samaria todo al mismo tiempo. No lo podían hacer. Según las reglas existentes, era imposible hacer lo que se les dijo que hicieran salvo por una cosa: el poder de Dios que vino con el Espíritu Santo el día de Pentecostés. Había personas de todas partes del mundo que estaban allí ese día, y escucharon el evangelio y lo llevaron de regreso al mundo conocido de entonces. Pido a Dios que lo vuelva a hacer en esta época.

En 1981 me encontraba como huésped en la casa del entonces vicepresidente Bush y su esposa quienes han sido nuestros amigos durante muchos años. Él ofreció una comida íntima en la noche del 12 de diciembre, y en la mitad de la reunión lo llamaron por teléfono de la Casa Blanca. Era Jim Baker y le dijo que tenía que estar en la sala de conferencias de inmediato. Tuvo que irse y nos explicó que la situación se había complicado en Polonia. Lo esperé. Cuando regresó, entre las once y doce de la noche, tenía semblante de tristeza. Nunca olvidaré cuando me fui a acostar esa noche. Dije: "Oh Señor, tú nos has dicho que oremos por quienes se encuentran ejerciendo el poder." No sólo oré por el presidente Reagan esa noche y el vicepresidente Bush. Oré por el jefe de la Unión Soviética; oré por los líderes de Polonia, para que Dios les diera la sabiduría; pues Dios asciende a uno y baja a otro. Dios es soberano. En tres ocasiones Jeremías habló de un rey pagano llamado

Nabucodonosor y citando a Dios dijo: "Nabucodonosor mi siervo." Tenemos que orar por nuestros enemigos.

Aunque somos diferentes desde los puntos de vista geográficos, denominacionales, raciales, todos quienes conocen al Señor Jesucristo como Salvador son miembros de un cuerpo. El apóstol Pablo dijo: "El cuerpo es uno, y tiene muchos miembros."* Es a ese "cuerpo" que el Señor Jesucristo encomendó su obra. El servicio cristiano no está limitado a cierto grupo dentro de la iglesia. Todos tenemos uno o más dones que el Espíritu Santo nos ha dado, y es el privilegio y la obligación de cada miembro servirle.

PROCLAMACIÓN Y SERVICIO

Hoy día en todo el mundo hay un gran debate dentro de la iglesia cristiana sobre la misión que le corresponde. E intentamos en este capítulo analizar las misiones y la misión de la iglesia.

Considero que las misiones se pueden resumir en dos palabras: proclamación y servicio. Ellas representan la esencia de la misión cristiana dentro y fuera del país, y se encuentran ligadas de manera inseparable como la clave tanto de la evangelización como para penetrar la cultura con el evangelio del Señor Jesucristo. Durante este siglo muchos evangélicos se han alejado de la cultura en vez de penetrarla. Muchos de ellos se han acomodado a la cultura. Hemos perdido casi por completo el sentido de lo que significa estar "en el mundo pero no [ser] del mundo".

Creo que nuestro Señor enseñó que debemos estar espiritualmente protegidos pero no aislados. Hemos

---

*1 Corintios 12:12

creado dos reinos separados: el sagrado y el secular. El sagrado es el reino de la iglesia y de las cosas que le pertenecen a nuestra fe, y le damos un gran valor. El reino secular es el del mundo y su cultura, y le damos un menor valor.

Richard Halverson, capellán del Senado de los Estados Unidos, dijo que hemos creado una "polarización destructiva entre lo sagrado y lo secular, una diferencia que no se encuentra en el Nuevo Testamento. Esta es la manera de pensar que supone que la enseñanza de las escuelas es secular; y la enseñanza de la Biblia o en las escuelas dominicales es sagrada. Administrar una gran compañía es secular, administrar una iglesia es sagrado". Cuando el laicado cuenta con poco tiempo para hacer las así llamadas cosas espirituales, sienten una frustración inferior, y no se consideran ministros de Cristo.

LO SECULAR Y LO SAGRADO

Si alguna vez vamos a cumplir el encargo de llevar el evangelio por todo el mundo, vamos a tener que salir de la falsa distinción entre lo sagrado y lo secular.

Como ciudadanos del reino de Cristo vivimos en territorio ocupado, como ovejas entre lobos. Es muy peligroso, ¡pero qué reto! ¡Incluso es estimulante! No quisiera haber vivido en ninguna otra época de la historia de haber tenido la oportunidad de escoger. Nos encontramos en este mundo con una misión, la misión de proclamar las buenas nuevas de Jesucristo y para servir a un mundo necesitado. Si tratamos de separar la proclamación del servicio estamos destinados al fracaso. Jesús nunca separó los dos y no nos atrevemos a hacerlo tampoco. Jesús dijo: "Estoy entre vosotros como el que sirve."*

Un amigo mío, al escribir un libro sobre cómo hacerle frente a la cultura, le preguntó a un joven obrero si él pensaba que una persona joven podía ser hoy un cristiano consagrado y continuar siendo un miembro aceptado de la sociedad, respetado en su ambiente universitario. El joven respondió que únicamente recordaba una sola persona conocida que pudo hacerlo con éxito: una joven que se había hecho el propósito de no ser popular en la universidad ni de ser aceptada, sino en forma exclusiva servir a los demás. Había asumido el papel de una servidora y hacía los trabajos que nadie quería. Estaba dispuesta a trabajar duro y permitir que otra persona recibiera el reconocimiento, hacer cosas tras bambalinas para que otros quedaran bien. Más tarde proclamó abiertamente su fe cristiana. Se había ganado el derecho de ser escuchada por medio de su servicio.

La Biblia enseña: "Haya, pues, en vosotros este sentir que hubo también en Cristo Jesús, el cual, siendo en forma de Dios, no estimó el ser igual a Dios como cosa a que aferrarse, sino que se despojó a sí mismo, tomando forma de siervo, hecho semejante a los hombres."**

Como miembros del cuerpo de Cristo, somos llamados al mismo compromiso radical ejemplificado por nuestro Señor. Puesto en forma cruda es un ministerio de despojarse a sí mismo. Él dijo que nos negáramos a nosotros mismos y tomáramos la cruz.

He tenido el privilegio de estar con la Madre Teresa en Calcuta. Cuando recibió el Premio Nobel hace algu-

---

*Lucas 22:27

**Filipenses 2:5-7

nos años, el mundo fue enfrentado cara a cara con uno de esos ministerios de despojarse a sí mismo. Pero he encontrado a otros y escuchado de otros alrededor del mundo que llevan a cabo ministerios similares de dar y de compartir de los cuales nunca vamos a escuchar hasta que lleguemos al cielo. No han recibido el Premio Nobel. Sus nombres nunca han aparecido en los periódicos, pero hay miles de ellos en el mundo. He tenido oportunidad de conocerlos en los cuatro extremos del planeta en la medida que he tenido el privilegio de viajar y de predicar. Ese llamado a ser un siervo de Cristo y de otros comienza ahora mismo. Es un llamado hecho a cada uno que invoca el nombre de Cristo. Es un llamado que comienza en el sitio donde usted se encuentra; en su hogar, en su universidad, en su apartamento, en su casa, en su calle, en su puesto de trabajo. Comienza en la escuela donde enseña, en el hospital donde usted es enfermera, en la oficina donde trabaja.

Creo que Dios quiere que muchos vayan al extranjero en un futuro como sus embajadores alrededor del mundo. También estoy convencido de que quiere que todos nosotros tengamos una vida de entrega total y de servicio para Él ahora mismo donde nos encontremos. Cristo nos ha amado por completo. Él lo demostró mediante su muerte en la cruz y el derramamiento de su sangre, y sólo la entrega total a Él y a su comisión de ir por todo el mundo es una respuesta razonable a ese tipo de amor.

Pero primero usted tiene que enfrentar la situación de su propia relación personal con Jesucristo.

Tal vez usted no sepa por qué decidió escoger este libro; pero Dios le está hablando sobre su relación con Él. Usted sabe que tiene que arrepentirse de sus pecados, dejar de vivir para sí mismo y entregar su vida a Jesucristo como respuesta a su amor. Ese es el primer paso para volverse parte de la misión de Dios en el mundo. La Biblia dice: "Díganlo los redimidos de Jehová."* Sólo quienes han sido redimidos y han recibido la salvación mediante la fe en Cristo tienen un mensaje que proclamar. Como pueblo de Dios, Él nos concede el privilegio de anunciar su evangelio al mundo.

Hace algunos años realizamos seis campañas evangelísticas en Japón, y en cada lugar vimos a miles de estudiantes. En algunos sitios, como Osaka, la policía tuvo que cerrar las grandes puertas del estadio. El gobernador de una ciudad, que gobierna a treinta millones de personas, nos ofreció una recepción con unos mil invitados. Esos incluían tanto cristianos como inconversos. Cuando el gobernador se levantó para pronunciar el discurso, sugirió que tenía que haber una razón por la cual el cristianismo no había crecido mucho en el Japón desde el siglo diecisiete. Dijo: "Creo que sé la razón. No se nos ha explicado con claridad el evangelio aquí. Y estoy exhortándolos a que, cuando viajen por el Japón, expliquen el evangelio con claridad." Eso era lo único que yo necesitaba. Tenía la autoridad de Dios y la del gobierno.

LA ADORACIÓN Y LA VOCACIÓN

A medida que analiza su papel en la misión mundial y la manera como Dios lo lleva para expresar su proclamación y servicio para Él, quisiera enfocar varios aspectos.

La *adoración* no es una ocupación pasiva, sino activa. No es algo que observamos, sino algo que hacemos.

---

*Salmo 107:2

La adoración, tanto colectiva como privada, es necesaria para sostenernos en medio de la cultura hostil en que vivimos o la que vamos a ser llamados a penetrar en el futuro para Cristo. Pablo dice que debemos ser "hijos de Dios sin mancha en medio de una generación maligna y perversa".* No hay duda de que esta es una generación maligna y perversa como la que más. Y usted y yo debemos vivir en medio de ella como hijos de Dios sin mancha. Debemos brillar como estrellas en el universo en la medida que proclamamos la Palabra de vida. ¿Dónde obtenemos esa clase de vida? ¿De dónde conseguimos esa clase de poder?

Muchos se preguntan cómo enfrentar las tentaciones y desalientos de la cultura de hoy. ¿Como podemos mantener nuestra cercanía a Dios? Vamos a tener que volver la adoración parte de nuestra vida diaria, adorar solos o con algunos creyentes más. Tendremos que establecer una vida devocional disciplinada. Satanás se nos opondrá en este punto más que en ninguno otro. Fuera de un estudio sistemático de la Biblia y de la oración cada día, nos ayudarán los libros devocionales buenos, tales como el de Oswald Chambers *En pos de lo supremo*. Fracasaremos como testigos de Cristo a menos que tengamos una vida devocional disciplinada diaria. Nunca he conocido a alguien en ninguna parte del mundo que estuviera creciendo como cristiano que no tuviera una vida devocional diaria.

La *vocación*. Además de la adoración, otro aspecto de su ministerio de proclamación y servicio es la vocación. Cualquiera que sea su vocación o la carrera que siga, usted está llamado al servicio cristiano dentro de

*Filipenses 2:15

ella. Usted puede ser un político, un hombre de negocios, un obrero, un maestro. Pero es en primer y en último lugar un cristiano. Todo lo que usted haga ha de ser sagrado en el sentido de que es hecho para el Señor. "Y todo lo que hagáis, hacedlo de corazón, como para el Señor y no para los hombres; sabiendo que del Señor recibiréis la recompensa de la herencia, porque a Cristo el Señor servís",* dijo Pablo.

Con frecuencia lamentamos el hecho de que ciertos países estén cerrados a la actividad cristiana. Pero hay oportunidades y posibilidades que nunca hemos imaginado.

Escuché de un joven y su esposa que viven en un país que está cerrado a los misioneros cristianos. Ellos se encuentran allí por invitación del gobierno para que enseñen a los jóvenes a jugar cierto deporte. Cuando solicitaron su visa, de manera franca le dijeron al gobierno que eran cristianos y que con frecuencia hablaban de su fe. El gobierno les contestó: "No nos importa de qué hablen en su tiempo libre, siempre y cuando le enseñen a nuestra juventud a practicar su deporte."

Hay otra pareja de quienes recibimos una tarjeta de Navidad cifrada. No pueden hablar de manera franca de Cristo, pero pueden producir el fruto del Espíritu. Las personas con frecuencia vienen y preguntan cuál es la diferencia. Así es como, debido a su servicio consagrado, son capaces de ofrecer una proclamación silenciosa.

En Gálatas el apóstol Pablo hace una lista de los frutos del Espíritu Santo: "Amor, gozo, paz, paciencia, benignidad, bondad, fe, mansedumbre, templanza; contra tales cosas no hay ley."** No hay ley en este mundo

*Colosenses 3:23-24

**Gálatas 5:22-23

que pueda evitar que usted ame a alguien. No hay ley que pueda evitar que tengamos el gozo que el Espíritu Santo produce dentro de nosotros. En algunos países tal vez no le permitan usar algunos de los dones públicos como el de predicar o el de enseñar, pero sí puede producir el fruto del Espíritu. Y cuando las personas ven que usted es diferente, le preguntarán cuál es su secreto.

Eso fue lo que llevó a Cristo a Soljenitsyn, el disidente soviético, en un campo de concentración en Siberia. Allí había tres hombres de Estonia. Nunca hablaron de Dios, sólo vivían consagrados a Él. Eran los que trabajaban más duro; se esforzaban más allá de lo normal para hacerse amigos de todos. Un día en que Soljenitsyn estaba a punto de suicidarse, uno de ellos se le acercó, le dibujó una cruz y se alejó. Soljenitsyn dijo: "Por primera vez me di cuenta de que ese era el único lugar donde se podía encontrar la verdadera libertad." Esos hombres eran las personas más libres del mundo, aunque estaban en un campo de concentración. Cuando usted conoce a Cristo, será libre dondequiera que se encuentre.

¿Es Jesucristo el Señor de su vocación? ¿Está trabajando o capacitándose para servirle a Él o para beneficio personal? ¿Está dispuesto a permitirle a Cristo cambiar sus motivos y ser el dueño de la obra de su vida? Si usted está dispuesto a ir a cualquier parte y hacer cualquier cosa por Él, quedará asombrado ante las oportunidades que le abrirá. Cualquiera que sea su vocación, es parte de su ministerio de proclamación y servicio para Cristo en el mundo.

VAYA

Jesús dijo a sus discípulos: "No me elegisteis vosotros a mí, sino que yo os elegí a vosotros, y os he puesto para que vayáis y llevéis fruto."* La primera palabra de la comisión de Jesús a sus discípulos fue *id*. "Id por todo el mundo y haced discípulos a todas las naciones."

La Biblia está llena de los llamados y de los envíos de Dios. Dios nos llama a que vengamos a su Hijo el Señor Jesucristo y luego nos envía al mundo. Dios no se revela a sí mismo para satisfacer nuestra curiosidad.

Cuando por primera vez me di cuenta de que Dios me había escogido como ministro, me sentí humillado y confundido. Me angustié y le dije: "¡No, Señor, no! ¡Haré cualquier cosa menos ser empresario de pompas fúnebres o predicador!" Sin embargo, aquí estaba yo. Acababa de recibir a Cristo como mi Salvador, había dicho en un servicio de dedicación: "Señor, seré lo que quieras que sea."

Y Dios decía: "Quiero que prediques mi evangelio."

"Pero Señor, si tartamudeo cuando hablo. Ni siquiera puedo estar de pie frente a una clase y hablar. ¿Cómo podré predicar? No soy nada. No tengo ninguna instrucción académica. No tengo dinero. No tengo nada."

Pero Dios dijo: "Te necesito; te he escogido." No lo dijo con tantas palabras. No escuché una voz audible. No hubo relámpagos, ni truenos. Sólo hubo ese obrar quedo del Espíritu Santo, y una noche en el hoyo dieciocho de una cancha de golf cerca de Tampa, Florida, me arrodillé y dije: "Señor, soy tuyo." Luego comencé a darme cuenta de las consecuencias de eso: toda mi vida

---

*Juan 15:16

transformada. Incluso la persona con quien me iba a casar cambió. Todo cambió. Él me llevó paso a paso.

Luego después que había preparado cuatro sermones, nadie quería que predicara. Y dije: "¡Señor, por favor, envía a alguien que me solicite!" Por fin, obtuve una oportunidad de predicar al norte de la Florida. Había preparado esos cuatro sermones, y había pasado semanas practicándolos. Calculé que cada sermón duraría cuarenta y cinco minutos. Pero esa noche, en una fría y pequeña iglesia bautista al norte de la Florida, con una asistencia de treinta y seis creyentes, ¡prediqué los cuatro sermones en ocho minutos!

El énfasis bíblico sobre el llamado de Dios es una invitación a la responsabilidad. Es un nombramiento a la obra precisa y rigurosa de la misión redentora de llamar a hombres y mujeres a la fe en Cristo. Dietrich Bonhoeffer dijo: "Cuando Jesús llama a un hombre lo invita a ir y a morir."

¿QUIÉN RESPONDERÁ?

En la edición de abril de 1981 de la publicación, *In Other Words* [En otras palabras] de Traductores de la Biblia Wycliffe, el director, Hyatt Moore, escribió:

Hace años, un grupo de misioneros viajaba en barco a un lugar lejano donde esperaban predicar el evangelio. El capitán del barco les avisó que estaban arriesgando sus vidas y trató de disuadirlos de varias maneras. Su respuesta fue sencilla: "Morimos antes de zarpar."

El 7 de marzo de 1981, Chet Bitterman, al servicio del Señor, murió su "segunda muerte". Después de ser capturado por los terroristas y de haber estado prisionero durante cuarenta y ocho días, Chet fue asesinado y su cuerpo apareció abandonado en un autobús en Bogotá, Colombia. Tenía veintiocho años de edad. Dejó a su esposa, Brenda, y a sus dos hijas pequeñas.

Quienes ya han entregado su vida al Señor pueden decir con Pablo: "Conforme a mi anhelo y esperanza de que en nada seré avergonzado; antes bien con toda confianza, como siempre, ahora también será magnificado Cristo en mi cuerpo, o por vida o por muerte. Porque para mí el vivir es Cristo, y el morir es ganancia."* Ese es el llamado de Dios a nuestra vida. Esa es la gran pregunta que vamos a tener que enfrentar. ¿Está Dios llamándolo a esa clase de vida y muerte? Dios está ahora apelando a su voluntad. Usted va a tener que venir al instante. Encuentro que muchos estudiantes en diferentes universidades hablan, debaten y discuten mucho, pero nunca llegan al momento del compromiso. Alguien dijo que esta era la generación de los no comprometidos. Hace algunos años estaba en Oxford y conocí a un sociólogo que me dijo que la generación de los años sesenta fue la generación problema; la de los setenta fue la generación del "yo"; la de los ochenta fue la generación de la supervivencia.

Dios ha escogido; Dios ha ordenado. ¿Está listo a responder? Si no respondemos en obediencia, podemos quedar eliminados, como lo temía Pablo: "Sino que golpeo mi cuerpo, y lo pongo en servidumbre, no sea que habiendo sido heraldo para otros, yo mismo venga a ser eliminado."** ¿Y usted qué? ¿Le ha entregado a

*Filipenses 1:20-21
**1 Corintios 9:27

Dios todas las llaves de su corazón y de su vida? ¿Hay espacios, cuartos y alacenas a las cuales Él no ha entrado de lleno porque usted no le ha entregado todas las llaves de su casa espiritual?

LO QUE ES NECESARIO

Le estoy pidiendo que dé una respuesta afirmativa al llamado de Dios, una respuesta para que dedique su vida del todo a Cristo. Dios busca jóvenes que le digan: "Iré donde quieras que yo vaya; seré lo que quieras que sea; en mi país o en el extranjero. Pondré mi vida bajo el señorío de Cristo y aceptaré que estoy en el servicio cristiano, incluso si estoy trabajando en un cargo secular. Y estoy dispuesto a ir hasta el fin del mundo si esa es tu voluntad, oh Señor."

Un misionero es cualquiera, en cualquier parte, que obedezca las órdenes de dar testimonio con fidelidad, dentro o fuera del país. Usted puede estar haciéndolo bajo los auspicios de una sociedad misionera o como un ciudadano privado, trabajando y sosteniéndose usted mismo. Pero Dios le ha dado un don espiritual, y Él lo llama a usarlo a su servicio. Pero primero tiene que estar seguro de que el Señor Jesucristo vive en su corazón.

En 1913 llegó un joven a El Cairo, Egipto. Tenía veinticinco años, y se había graduado de la universidad. Era alto, fuerte, buen mozo, inteligente, soltero y muy rico. Era William Borden de Chicago. Había llegado a El Cairo como misionero. Por último quería ir a la China. Muchas personas tenían dificultad para entender por qué un joven millonario quería pasar la vida de esa manera, pero quienes llegaron a conocer a Borden por algún lapso de tiempo lo entendían. El deseo más grande de su vida era compartir el amor del Señor Jesucristo con las personas dondequiera que estuviera, haciendo lo que fuera. Amaba a la gente y ansiaba que conocieran al Dios que los amaba y que murió por ellos, quien había cambiado su vida.

Después de sólo algunos meses en El Cairo, Borden contrajo meningitis y murió. Durante las semanas posteriores a su muerte, el mundo comenzó a descubrir algunas cosas extraordinarias sobre Borden. Nunca fue dueño de un automóvil porque decía, sencillamente: "No tengo el dinero para tenerlo". Sin embargo, durante sus tres años en la universidad regaló cientos de miles de dólares para la obra cristiana. El biógrafo de Borden dijo: "Sin reservas, ni un paso atrás, sin arrepentimiento; así era su consagración a Dios." Borden tenía planeado ir a China como misionero. Pero Dios tenía otros planes. Y la historia de su vida y muerte prematura se volvieron un lema de reunión de cientos de estudiantes de la Universidad de Yale que fueron al campo de misiones debido a Borden.

SIN RESERVAS, NI UN PASO ATRÁS, SIN ARREPENTIMIENTO

Hay mil cosas que usted puede hacer con su vida, mil cosas en las cuales la puede invertir. Pero ¿cuántas de ellas le permiten decir al final de su vida: "Sin reservas, ni un paso atrás, sin arrepentimiento?

Mi sobrino Sandy Ford sólo tenía veintiún años. Era un gran deportista, un gran estudiante y acababa de ser elegido presidente de la unión cristiana más grande de cualquier universidad de los Estados Unidos: en la Universidad de Carolina del Norte, en Chapel Hill. Fue uno de los jóvenes más extraordinarios que tuve el privilegio de conocer.

Un día Sandy Ford estaba corriendo la milla y ganaba, luego tropezó y cayó. Le estaba dando un infarto cardiaco. Volvió para mirar y se dio cuenta de que todavía llevaba la delantera, se levantó y corrió otros pocos metros y se cayó de nuevo. Vio que todavía llevaba la delantera, así que se arrastró hasta cruzar de la meta. Los periódicos sacaron su fotografía en la primera página.

El 27 de noviembre, después de una cirugía correctiva de ocho horas, el corazón de Sandy dejó de latir. Nunca se recuperó. Muchas personas dijeron: "¡Qué tragedia!" Los periódicos de nuestro estado sacaron editoriales sobre su vida. Millares de personas que lo conocían o no se sintieron emocionadas y animadas. La vida de Sandy no había sido cortada prematuramente a los veintiún años. Había sido completada.

Me encontraba en Nueva York el domingo anterior a la operación de Sandy. Algo me dijo: "Pasa por la Universidad de Duke y visita a Sandy." Él se encontraba en el Hospital de Duke. Me desvié siete horas de mi camino para verlo. Entré en la habitación del hospital y pasamos juntos dos horas maravillosas. Sandy dijo algo interesante: "Tío Billy, creo que mi enfermedad tiene que ver con esas reuniones en la Universidad el próximo otoño."

No podía haberse imaginado que debido a su muerte estaba llevando el primer mensaje. Dios tenía un plan. Sandy se había colocado total y completamente en las manos de Cristo, "sin reservas, ni un paso atrás, sin arrepentimiento."

Usted no sabe cuánto tiempo le queda. Pero eso no es

lo importante. Lo importante es que desde este momento en adelante decida ser el hombre o la mujer de Dios — sin reservas, ni un paso atrás, sin arrepentimiento — donde quiera que Él lo envíe. Jesucristo estuvo clavado en la cruz públicamente con centenares de personas que lo contemplaban y se burlaban de Él. Estuvo allí por usted, y si usted fuera la única persona en todo el mundo que lo necesitara Él habría muerto por usted. Así es como Él lo ama. Está listo para entrar en su corazón, perdonarlo, limpiarlo, hacer de usted una persona nueva e iniciarlo en un camino nuevo. ¿Se dedicará a Él sin reserva, sin dar un paso atrás, y sin arrepentimiento?

Billy Graham

3

CÓMO SER FIEL

Cómo será su vida de cristiano dentro de diez años? Muchos estarán caminando con Cristo y sirviéndole en los diferentes campos alrededor del mundo. Pero para otros será una tragedia, porque dentro de diez años habrán perdido su amor y celo ardiente por Cristo, no necesariamente porque lo desearan, o porque se rebelaran en contra de la voluntad de Dios, sino porque organizaron su vida conforme al plan del mundo. Entonces Cristo y su gran comisión se opacan lentamente.

En una maratón, como las de Nueva York o la de Londres, hay miles de rostros ansiosos cuando suena el tiro para dar comienzo a la carrera. Pero a lo largo de la agotadora ruta de más de cuarenta kilómetros, una persona tras otra se va quedando atrás antes de terminar la carrera.

El compromiso cristiano es como una carrera de maratón. Hay quienes comienzan y hay quienes terminan. Pero una y otra vez la Biblia nos llama la atención hacia la fidelidad de Dios para nosotros y la vida sobrenatural que produce en nosotros por medio del poder del Espíritu Santo. "Fiel es el que os llama, el cual también lo hará", escribe Pablo en 1 Tesalonicenses 5:24. En Filipenses 1:6, uno de mis versículos favoritos, dice: "Estando persuadido de esto, que el que comenzó en vosotros la buena obra, la perfeccionará hasta el día de Jesucristo." Él la realizará. "No os ha sobrevenido ninguna tentación que no sea humana; pero fiel es Dios, que no os dejará ser tentados más de lo que podéis resistir, sino que dará también juntamente con la tentación la salida, para que podáis soportar."*

Nunca hay excusa para que cometamos pecado, pecado con la voluntad. ¿Sabe por qué? Porque Dios ofrece siempre una salida. Él siempre nos da una solución. Y nosotros debemos buscarla, y luego tener el valor de tomarla. No hay prueba que llegue, no hay sufrimiento que llegue, sin una salida. Y es la fidelidad de Dios para con nosotros la que rodea y fortalece nuestra fidelidad a Él.

Pero la fidelidad en nuestro servicio a Cristo es también importante. La Biblia nos recuerda que es necesario que las personas a quienes se les ha dado confianza sean fieles. Y sabemos que la fidelidad bíblica verdadera es algo más que únicamente presentarse al trabajo como cristianos y llevar a cabo nuestras obligaciones. Cuatro cosas deben caracterizar nuestra fidelidad a Cristo: gozo, compasión, visión y compromiso.

GOZO

Lo primero es el *gozo*. La fidelidad sin gozo se vuelve un trabajo penoso. "Vuélveme el gozo de tu salvación, y espíritu noble me sustente. Entonces enseñaré a los

*1 Corintios 10:13

transgresores tus caminos, y los pecadores se conver-
tirán a ti",* dice el salmista. Y Jesús les dijo a sus
discípulos: "Estas cosas os he hablado, para que mi gozo
esté en vosotros, y vuestro gozo sea cumplido."** Dios
quiere que tengamos gozo completo. Nehemías le dijo
a la multitud: "El gozo de Jehová es vuestra fuerza."***
El gozo del Señor, producido por el Espíritu Santo, es
un gozo sobrenatural que Él nos da en toda circunstan-
cia. Y el gozo anticipado nos ayuda a perseverar. Jacob
le sirvió a Labán durante siete años por el gozo anticipado de casarse con Raquel.

Hace poco, Thelma Barfield fue ejecutada en Carolina del Norte. Ella fue la primera mujer en más de veinte
años en sufrir la pena capital en los Estados Unidos.
Durante tres años mi esposa estuvo en constante comunicación con ella por correspondencia y también hablaban por teléfono. Mi hija Ann había ido a verla para
enseñarle la Biblia, hasta tres horas seguidas.

Durante su estadía en la cárcel se convirtió en una
cristiana maravillosa. Había asesinado a cinco personas;
ella sabía que se merecía lo que le iba a pasar. Sin
embargo, su vida se había transformado. Debido a que
todavía estaban apelando, y consideraron que podría
prejuiciar su caso, sus abogados no quisieron que contara su historia a los reporteros de los periódicos que
habían llegado allí. Pero ella quería contarle a todo el
mundo lo que Cristo había hecho en su vida.

La víspera de su muerte, hablé con ella por teléfono
y le dije:

---

*Salmo 51:12-13
**Juan 15:11
***Nehemías 8:10

— Thelma, usted nos va a ganar en la llegada al cielo. Mañana por la noche estará en los brazos de Jesucristo.

— Alabado sea el Señor — respondió ella.

Hace algún tiempo fui a esa cárcel, y esperando que los muchachos de la prensa no se enteraran de que yo estaba allí. Jenny Lancaster, quien es la directora de la cárcel, nos dejó entrar a mi hija y a mí. Ella hizo reunir a todas las reclusas y a los encargados del custodio del penal. Me levanté a predicarles el evangelio durante cuarenta y cinco minutos, y utilicé a Thelma Barfield como ejemplo de lo que un cristiano debe ser, puesto que ella lo había vivido durante seis años frente a ellos. Tomé como ejemplo su Biblia, que mi hija Ann tiene. Usted no encontrará una sola página en esa Biblia que no esté marcada. Cuando se hizo la invitación para recibir a Cristo — y lo hice tan difícil como fuera posible — más de doscientas personas respondieron positivamente al llamado de Cristo. Treinta de ellas eran guardas del penal. Uno era el padre y otra la hermana de la directora. También aceptó a Cristo el hermano del abogado que había defendido a Thelma.

En esa cárcel Thelma había sido la persona más feliz del mundo. Fui a la celda donde había estado en reclusión solitaria, y la directora dijo: "No he estado aquí desde la muerte de Thelma. Sencillamente no había tenido las fuerzas para hacerlo. La noche de su ejecución, era la persona más feliz y radiante que he visto en mi vida." Ella ya estaba en el cielo. Ella, una persona a punto de ser ejecutada, estaba ansiosa de llegar al paraíso. Ella sabía lo que es el gozo.

COMPASIÓN

La segunda cualidad que nos debe caracterizar es la *compasión*. Compasión en forma literal significa "sufrir con otro". Quiere decir que cuando otra persona siente dolor o tristeza, sentimos ese dolor o esa tristeza. A través de los evangelios leemos que Jesús era movido a la compasión por las multitudes, por dos ciegos, por un leproso, por una viuda cuyo único hijo había muerto. Lloró por la ciudad de Jerusalén y frente al sepulcro de Lázaro. Él contó la historia de un buen samaritano que había tenido compasión de un hombre herido.

Sin embargo, los discípulos tuvieron dificultad para aprender la compasión. En una ocasión en que Jesús no fue bien recibido, los discípulos le dijeron: "Señor, ¿quieres que mandemos que descienda fuego del cielo . . . y los consuma?"* Jesús los reprendió "porque el Hijo del Hombre no ha venido para perder las almas de los hombres, sino para salvarlas".** Los discípulos con frecuencia veían a las personas como problemas, mientras que Jesús las veía como posibilidades. Así también debemos verlas nosotros.

Hace varios años Bob Mitchell, presidente de un movimiento norteamericano para la juventud, se encontraba como consejero en un campamento de verano en Colorado. Observó a un adolescente que siempre permanecía solo, que parecía no tener ningún amigo y que no participaba en ninguna de las actividades. Mitchell inició una amistad con el muchacho y antes de finalizar la semana lo había llevado a Cristo. Al terminar el tiempo de las vacaciones,

---

*Juan 9:54

**Juan 9:56

Mitchell le preguntó al muchacho:

— ¿Cuándo te interesaste por primera vez en ser cristiano?

El joven lo miró a los ojos y le respondió:

— En el momento que usted supo mi nombre.

El momento de aprender la compasión es ahora mismo, en nuestro diario vivir. Si no estamos llenos de compasión por los perdidos y por los que sufren aquí mismo, un vuelo a través del océano no nos va a ayudar. El apóstol Pedro escribió en 1 Pedro 3:8: "Finalmente, sed todos de un mismo sentir, compasivos, amándoos fraternalmente, misericordiosos, amigables." Hemos de ser compasivos.

VISIÓN

Nuestra fidelidad ha de ser guiada por la *visión*; visión con un plan y un propósito. Hay mucho que decir con respecto a tener un cuadro global de la obra de Dios hoy. Sin esa visión podemos desarrollar una visión de túnel y nuestro enfoque con respecto a nuestro pequeño ministerio y nuestro pequeño lugar de servicio. Saque un mapa y úselo. Tenía un amigo, V. Raymond Edman, que todas la mañanas se levantaba temprano y tenía un continente diferente en su corazón. Tomaba un mapa y oraba por todo ese continente, por los misioneros, por los cristianos, por la gente con quienes tenía correspondencia y por otros que conocía en forma personal. Obtenga una visión de lo que Dios está haciendo en este mundo.

Más importante que la visión de nuestro trabajo es mantener una visión de a quién servimos. Como lo dijo el autor de Hebreos: "Puestos los ojos en Jesús, el autor y consumador de la fe, el cual por el gozo puesto delante de él sufrió la cruz, menospreciando el oprobio, y se sentó a la diestra del trono de Dios. Considerad a aquel que sufrió tal contradicción de pecadores contra sí mismo, para que vuestro ánimo no se canse hasta desmayar."* El verbo "considerar" en ese contexto quiere decir "mirar detenidamente".

Sin un tiempo dedicado sólo para permanecer en comunión con Cristo todos los días, es muy probable que usted se convierta en una víctima espiritual en los próximos diez años. La cosa más importante para cualquier persona de ahora en adelante es un caminar diario con Cristo, y eso comienza con su tiempo devocional. Si me pierdo el tener mi hora de oración y de lectura bíblica por la mañana temprano cuando me levanto, todo el día se me daña. Comience el día con Cristo. Permita que esos primeros pensamientos que vienen a su mente cuando se despierta sean sobre Jesucristo. Dios ha tenido que vérselas conmigo muchas veces en ese campo.

Convertirse en cristiano es lo mismo que casarse. Durante los primeros días la vida está llena de sentimientos maravillosos, a medida que descubrimos cosas nuevas y conmovedoras con respecto a nuestro compañero/a. Pero a medida que pasa el tiempo, esos primeros sentimientos y pasiones comienzan a desvanecerse, y nos vemos ante una disyuntiva: Podemos o bien desilusionarnos y buscamos a alguien más que estimule nuestra pasión, o podemos comenzar a estudiar la profundidad de nuestra relación con la persona con quien ya estamos comprometidos. Amo a mi esposa hoy diez mil veces más que cuando nos casamos, porque ella tiene

*Hebreos 12:2-3

una profundidad que no conocía cuando nos casamos.

LA CRUZ

Durante convenciones misioneras con frecuencia nos referimos al llamado de Isaías: "Después oí la voz del Señor, que decía: ¿A quién enviaré, y quién irá por nosotros? Entonces respondí yo: Heme aquí, envíame a mí."* Sí, necesitamos una visión. Una visión de las personas muriéndose de hambre en África. Una visión de las terribles posibilidades del día de un holocausto nuclear. Una visión de las injusticias sociales en el mundo. Una visión del mal que puede hacer el prejuicio racial. Una visión del juicio en el infierno que les espera a los hombres y las mujeres que han rechazado a Cristo. Una visión del gozo y la gloria del cielo. Pero más que todo, una visión de la cruz y de la resurrección.

Recuerdo una noche hace muchos años cuando predicaba en Dallas, Texas, ante una inmensa multitud en el estadio "Cotton Bowl". Cuando hice la invitación, no hubo una gran respuesta, y abandoné la plataforma sintiéndome un poco deprimido. Estaba allí un amigo alemán, y dijo:

— Billy, ¿sabes qué anduvo mal esta noche?

— No, John, ¿qué fue? — le pregunté.

— No predicaste la cruz.

Nunca me olvidaré de eso. En las dos ocasiones que viajé por la Unión Soviética, me acompañaba un teólogo ortodoxo. Él enseña en la academia teológica de Leningrado (San Petersburgo), y es el decano de la mayor catedral allí. Es uno de los hombres más agradables que he conocido. Me enseñó el mensaje central de la resu-

*Isaías 6:8

rrección durante aquellas liturgias de tres horas de duración, donde se está de pie y se escucha una letanía hasta el final. Me dijo antes de abandonar la Unión Soviética la última vez:

— Doctor Graham — traté de que me llamara Billy, pero creo que no podía pronunciarlo —, tengo una gran oración para usted: Que nunca se levante a predicar sin recalcar que Jesucristo resucitó de los muertos y está vivo.

Necesitamos tener siempre delante nosotros la visión de la muerte y resurrección de Cristo.

EL COMPROMISO

La última cualidad que quería describir es la del *compromiso*. En Marcos 10 leemos del encuentro de Jesús con un hombre a quien hemos llegado a conocer como el joven rico. Marcos nos cuenta que ese joven corrió hacia Jesús, cayó de rodillas y le preguntó: "Maestro bueno, ¿qué haré para heredar la vida eterna?" Y cuando Jesús le recitó varios de los Diez Mandamientos, le respondió: "Todo esto he guardado desde mi juventud."*

La Biblia nos cuenta que Jesús lo miró y lo amó. Entonces Jesús le dijo: "Una cosa te falta: anda, vende todo lo que tienes, y dalo a los pobres . . . y ven, sígueme." Ante eso el joven inclinó la cabeza y se entristeció, porque estaba tan apegado a las posesiones materiales.

En términos de guardar la mayoría de los mandamientos de Dios, este joven era fiel. Pero no estaba dispuesto a comprometerse incondicionalmente con Jesucristo, para aceptar la voluntad de Dios para su vida

---

*Marcos 10:17-21

y seguirlo. Uno de nuestros enemigos más grandes en occidente es la comodidad de las posesiones materiales. Tenemos una inmensa riqueza comparada con la mayoría de las personas del mundo. Jesús dijo: "Mirad, y guardaos de toda avaricia; porque la vida del hombre no consiste en la abundancia de los bienes que posee."* Mi esposa agrega: ". . . sino en las pocas cosas que desea tener." Pablo les escribió a los cristianos de Corinto, hablando del matrimonio y también de las posesiones materiales: "El tiempo es corto . . . los que compran, [deben vivir] como si no poseyesen; y los que disfrutan de este mundo, como si no lo disfrutasen; porque la apariencia de este mundo se pasa."** Todo esto es temporal. Va a acabarse. Y sin embargo nos aferramos al mundo en vez de a Cristo.

En encuestas recientes el estudiante promedio norteamericano dice que su esperanza está en el "sueño americano". Carl Sagan ha dicho: "Todas las futuras generaciones, si hay alguna, mirarán esta época como un cruce de caminos fundamental en la historia de la humanidad. La alternativa es literalmente entre la vida y la muerte." Usted tiene que tomar una decisión.

EL MENSAJE DEL EVANGELIO

Quizás para usted la alternativa está entre la vida y la muerte porque no está seguro del todo que conoce a Cristo como Señor y Salvador. Usted no puede ponerse de pie y decir: "Sé con seguridad que Cristo está en mi corazón, que si muero me voy al cielo, que mis pecados son perdonados." Usted dice: "Bueno, Billy, soy exac-

*Lucas 12:15

**1 Corintios 7:29-30

tamente así. ¿Qué tengo que hacer?"

En primer lugar, necesita arrepentirse de sus pecados. ¿Qué significa arrepentirse? En griego significa "dar vuelta, cambiar", cambiar su manera de pensar respecto a usted mismo, respecto a Dios, respecto a lo que el pecado le ha hecho, y respecto a Cristo que murió por usted en la cruz, Y eso significa cambiar su manera de vivir.

Usted no puede arrepentirse sin ayuda. Nadie sabe aquí cómo arrepentirse por sí mismo. El Espíritu Santo tiene que ayudarle a arrepentirse. Él le ayudará. Sólo diga: "Señor, aquí estoy, con todas estas dudas e incertidumbres. Ayúdame a arrepentirme y a cambiar mi forma de vivir. Tengo que volver a esa misma escuela, a esa misma dirección, a esa misma familia, a esa misma calle, a esa misma pandilla, y, Señor, yo no sé si lo puedo lograr o no." Y sin embargo Él lo está llamando para que haga un cambio. Eso es arrepentimiento.

En segundo lugar, debe tener fe. Y esa palabra *fe* significa "poner todo su peso sobre", no confiar en nada más — ni en su propia bondad, ni en su propia rectitud, ni en sus propias buenas obras, ni en su familia, ni en su iglesia — sino totalmente en la persona del Señor Jesucristo quien colgó de la cruz y derramó su sangre por usted.

Arrepiéntase, crea y esté dispuesto a seguir a Cristo en el estudio de la Biblia, en oración, en fidelidad. Esté dispuesto, dije. Él es quien tiene que hacerlo en y por medio de usted. Y Él está dispuesto a hacerlo si usted lo está.

TESTIGO FIEL

¿Qué pasa con usted si ya ha hecho ese compromiso? ¿Está dispuesto a servirle a Cristo con sinceridad para que el evangelio pueda ser llevado alrededor del mundo? "Ni estimo preciosa mi vida para mí mismo, con tal que acabe mi carrera — dijo el apóstol Pablo —, y el ministerio que recibí del Señor Jesús para dar testimonio del evangelio de la gracia de Dios."*

C. T. Studd, el gran jugador británico de *criquet*, dirigió a los Siete de Cambridge hace un siglo y dejó asombrado al mundo angloparlante. También regaló una fortuna y predicó en la China, la India y luego en el África.

Precisamente cuando se preparaba para viajar a África por segunda vez, cuando se encontraba muy débil y enfermo, escribió esto: "En junio pasado en la desembocadura del río Congo esperaban mil exploradores, comerciantes, mercaderes y buscadores de oro para lanzarse dentro de esas regiones tan pronto el gobierno les abriera las puertas. Se rumorea que hay una abundancia de oro. Si dichos hombres escuchan tan claro el llamado del oro y obedecen, ¿puede ser que los oídos de los soldados de Cristo sean sordos al llamado de Dios y los llantos de las almas moribundas de los hombres? ¿Es que los jugadores del oro son tantos y los siervos de Dios tan pocos?"

Me pregunto si es que no hay alguien dispuesto a arriesgarlo todo por Dios. El grito de combate de C. T. Studd era: "Si Jesucristo es Dios y murió por mí, entonces ningún sacrificio puede ser demasiado grande para

*Hechos 20:24

que yo lo haga por Él." Jim Elliot salió de la Universidad de Wheaton para convertirse en misionero de los Aucas en el Ecuador y fue martirizado. Antes de morir, escribió: "No es necio quien da lo que no puede guardar para ganar lo que no puede perder."

No hace mucho tiempo la revista *Newsweek* informó sobre lo que llamó la nueva ola de los hombres de las montañas. Se considera que hay unos sesenta mil alpinistas en los Estados Unidos. Pero en los altos niveles de los alpinistas serios hay un grupo selecto conocido como los "hombres duros". Para ellos el subir montañas y escalar entre las rocas escarpadas es un modo de vida. En muchos casos, ascender es parte de su total compromiso con la vida. Y su experiencia final es escalar solos, sin equipo ni cuerdas de seguridad.

Muchos consideran a John Baker como el mejor de los hombres duros. Él ha escalado solo algunas de las laderas escarpadas más difíciles de los Estados Unidos sin cuerdas de seguridad ni equipo de escalar de ninguna clase. No ha adquirido con facilidad su destreza. La ha logrado mediante el compromiso, la dedicación y la formación. Su esposa dice que es increíble su dedicación. Cuando John no está escalando, con frecuencia se le encuentra en su casa de California colgado de las puntas de sus dedos para fortalecer sus brazos y manos.

¿Dónde están los hombre y las mujeres dedicados totalmente a Jesús? ¿Dónde están quienes darán todas sus energías para servir por el amor de Cristo? Esa es la clase de gente que se necesita para extender el evangelio alrededor del mundo durante estos últimos años del siglo veinte. La iglesia de hoy tiene una variedad de dones y talentos que podrían cambiar el mundo si se ponen en manos de Jesucristo. Tenemos la juventud y la salud y la energía y la educación y la libertad política y la oportunidad económica para llevar a cabo la misión de Dios.

Es una tragedia si no enfrentamos con seriedad el llamado de Dios, y además un pecado terrible. Porque nuestro mundo se encuentra bajo una nube nuclear. No sabemos si veremos o no el final de este siglo. Conozco a muchos científicos y personas que no creen que lo veremos. La Escritura citada anteriormente decía que el tiempo es corto. Yo creo que es muy corto. Pero Dios nos ha abierto una puerta y nos ha dado las herramientas y la tecnología para tocar al mundo entero en esta década, si usted y yo tomamos en serio el llamado y somos fieles.

Billy Graham

4

LA EVANGELIZACIÓN: EL CORAZÓN DE LAS MISIONES

Una de las cosas que más me divierte cuando viajo es cómo reacciona la gente cuando les cuento cuál es mi trabajo. Volaba de Nueva York a California, y me senté junto a alguien que era el prototipo depuradísimo del californiano del sur: cadena de oro, cuello abierto, todo menos las plumas, y muy tierno. Mientras conversábamos, de pronto preguntó:

— Oiga, ¿usted de qué vive?

— Trabajo en la obra cristiana — le respondí.

— Ah, eso es estupendo. Yo no lo tomaría en su contra.

— Muy considerado de su parte. Se lo agradezco — le respondí.

Un poco más tarde regresaba de California a Nueva York y me encontraba sentada junto a un típico neoyorquino tenso. Me sentía como si estuviera colgando de la punta de los dedos en esta conversación, y él me preguntó:

— ¿De qué vive usted?

— Trabajo en la obra cristiana — le respondí.

— ¡Eso es imposible! — exclamó.

Le pregunté por qué estaba tan asombrado.

— Usted parece normal — me respondió.

Poco después volaba a Lubbock, Texas. Me encontraba en una avioneta, sentada junto a una mujer de Lubbock. De los seis pasajeros, cinco eran obviamente del tipo de la costa este de los Estados Unidos con sus respectivos *Wall Street Journal* (periódico de negocios), sus maletines de ejecutivo y todo. Entonces la mencionada mujer me preguntó:

— ¿De qué vive usted?

— Trabajo en la obra cristiana — respondí.

— ¡Qué lindo! — me dijo —. ¡Eso es tan tierno! Es lo más tierno del mundo. Siéntese aquí mismo.

Luego se volvió hacia todos los neoyorquinos que leían su periódico de negocios y dijo:

— Esta jovencita que está aquí trabaja para Jesucristo.

Todo el mundo bajó su periódico y cada uno se volvió para mirarme.

— Bueno, ¿qué puedo decir? — exclamé yo —. Es una forma de vida. ¿Me entienden ustedes?

Sin embargo, quisiera saber si usted está escuchando lo mismo que yo. A medida que escucho las preguntas, a medida que conozco más personas, trato de escuchar la pregunta tras la pregunta. La pregunta que con más frecuencia escucho es: "¿Qué diferencia hay en creer en Dios? En realidad, ¿hay alguna diferencia?

¿HAY ALGUNA DIFERENCIA?

Mientras que mi esposo disfrutaba de una beca en la Universidad de Harvard en los Estados Unidos, uno de los profesores a quien había llegado a conocer se me acercó y me dijo: "Becky, quiero decirle una cosa. Admiro su fe, de verdad. Pero quisiera hacerle una pregunta. ¿De verdad piensa que hay alguna diferencia en creer en Dios? ¿Acaso no es la vida muy parecida para todos nosotros? Todos queremos ser parte de algo. No queremos ser dejados de lado sea que creamos en Dios o no. ¿Acaso no es la vida difícil para todos nosotros? No creo que las células cancerosas pregunten antes de entrar en un cuerpo: 'Perdóneme, ¿es usted un hombre que ora?' ¿No tratamos todos de criar a nuestros hijos para que hagan lo correcto y sin embargo algunos se van por el mal camino y nos dejan angustiados? ¿Acaso la mayoría de nosotros no tenemos conflictos entre lo moral y el deseo? ¿No es la vida muy parecida? ¿No fracasan ustedes moralmente como nosotros? Tal vez a los cristianos les vaya mejor en algunos campos que a otros; pero ¿qué del orgullo, de la hipocresía y del racismo? De verdad, ¿hay alguna diferencia?"

¿HAY DIFERENCIA?

En estos días ha habido mucha discusión sobre nuestra necesidad de guías o modelos. La idea es que necesitamos ver que las cualidades que admiramos sean demostradas por las personas que tratamos. ¿Quiénes son los guías o modelos de la nueva generación? ¿Cuán diferente debe ser un modelo cristiano?

Me presentan a muchos cristianos que en secreto se encuentran desalentados. Dudo que haya algún cristiano que esté leyendo esto y que no ansíe la gracia para sencillamente vivir lo que cree. Comenzamos nuestro caminar con Dios con gran entusiasmo y luego, poco a poco, comenzamos a ver que tal vez no lo amamos tanto como creíamos. Entendemos mejor la obediencia, pero no nos sentimos inclinados a pagar el precio. Y comenzamos a decir: "¿Se burlan de la fe mis problemas y mis tentaciones? ¿Hay alguna diferencia en creer en Dios?"

Incluso el mundo está consciente de que tenemos un problema. La revista *Time* dedicó todo un número a los Estados Unidos y la ética. Lo intitularon: "¿Qué se hizo la ética? Asaltados por lo despreciable, el escándalo y la hipocresía, los Estados Unidos buscan su rumbo moral."

Los profetas seculares se están levantando y diciendo el tipo de cosas que los cristianos debieran decir. Garry Trudeau, el caricaturista norteamericano, dijo en una ocasión: "Vivimos en una época en que los hombres y las mujeres prefieren ser envidiados a ser estimados. Y cuando eso suceda, Dios nos ayude." Un programa de radio que escuché se llamaba: "¿Qué le pasó al pecado?" La periodista Ellen Goodman, escribió una columna sobre la bondad de la culpa. Meg Greenfield, de la revista *Newsweek* escribió un artículo sobre la posibilidad de los absolutos morales. Aun la prensa secular, el grupo que a todo el mundo le encanta odiar, intituló la última campaña presidencial: "La campaña de carácter." Y tal vez el más poderoso de los profetas norteamericanos, Ted Koppel, dijo:

En realidad nos hemos convencido a nosotros mismos de que las consignas nos salvarán. Consuma drogas; pero use una aguja limpia.

Disfrute del sexo cada vez que quiera y con quien quiera que lo desee; pero use preservativo. No. La respuesta es no. No, no porque no sea agradable o elegante o porque usted pueda terminar en la cárcel o muriéndose de SIDA, sino no porque es incorrecto. Porque hemos invertido cinco mil años como una raza de seres humanos racionales tratando de arrastrarnos fuera del fango primitivo mediante la búsqueda de la verdad y de los absolutos morales ... En su forma más pura. La verdad no es un toque atento en el hombro; es una censura a gritos. Lo que trajo Moisés del Monte Sinaí no eran diez sugerencias. Son mandamientos.

Lo que estoy escuchando de los profetas seculares es: "¿Dónde está? ¡Despiértese! ¿Qué clase de contribución va a hacer?"

Ahora tengo que decir que cuando los cristianos tratamos de hacer un aporte, con frecuencia se nos da una charla sobre la diferencia entre la iglesia y la política y se nos dice que regresemos a los bancos de la iglesia. Necesitamos hacer una contribución que sea bien fundada, sensible y que no sea farisaica. Pero tiene que hacerse la pregunta: "Si estos profetas seculares están diciendo eso, ¿hay alguna diferencia?"

HACEMOS LA DIFERENCIA

Quiero decir que sí. Hay una inmensa diferencia en creer en Dios. Pero nos metimos en problemas porque hemos olvidado lo que ya sabíamos. Hemos olvidado cuál es el problema y cuál es la solución. El problema según la Biblia es el corazón humano. Es el problema del pecado. Y el tratamiento para el pecado siempre ha sido la gracia.

¿Cómo llegamos a olvidarnos? Vivimos en una época rara en la que vamos actuando como si fuéramos básicamente gente maravillosa que de cuando en cuando hace cosas malas. Aun hasta en la época en que se escribió la Constitución de los Estados Unidos, entendían que la naturaleza humana es traicionera y por eso diseñaron un gobierno para proteger al pueblo de sí mismo.

El problema no ha cambiado. Creo que sólo hemos desarrollado una mala memoria. ¿Cuál es el problema? El problema es el pecado. G. K. Chesterton lo dijo de una manera tan concisa como cualquier otra persona que haya conocido cuando respondió a la pregunta: "¿Qué es lo que anda mal en el universo?" En lo que tal vez sea la carta más corta en la historia, escribió: "Apreciado señor: ¡Yo soy!"

La esencia del problema no es psicológica, ni emotiva ni intelectual. La esencia del problema, es más bien, espiritual. Es el problema del corazón. G. K. Chesterton dijo: "Es asombroso que la gente moderna haya rechazado la doctrina del pecado original cuando es la única doctrina que puede verificarse de manera empírica."

¿Cuál es la solución? La solución es la gracia de Dios que promete cambiar nuestro corazón de piedra por uno de carne. No de la noche a la mañana. El ser convertido no nos hace un producto terminado. Pero Dios nos ayudará con su gracia para volvernos personas nuevas.

LOS CRUCIFIXORES Y EL CRUCIFICADO

¿Cómo podemos entender el problema y la solución? Necesitamos mirar la cruz. La cruz, si usted va a ser un testigo en su trabajo, en su hogar o en su universidad, le ayudará a entender cuál es el problema y cuál es la solución. Cuando usted mira la cruz, necesita mantener dos imágenes en la mente. Y las dos imágenes son estas: nosotros lo crucificamos, y fuimos crucificados con Él.

Hace varios años, después de haber dado una conferencia, una mujer muy amable se me acercó y me habló. Era muy linda, buena y se encontraba en un estado de tortura. Me contó su historia. Me dijo que ella y su prometido, hace muchos años, habían sido los líderes de un grupo juvenil en su iglesia. Y tenían un ministerio inmenso. Se iban a casar en junio y en algún momento de ese año comenzaron a tener relaciones sexuales. Luego descubrió que estaba embarazada. Me dijo que se sentía tan mal consigo misma porque lo que ella estaba aconsejando a otros que no hicieran, ella lo estaba haciendo, y que al enterarse de que estaba embarazada se sintió mucho peor. Me contó que sabía que la iglesia nunca podría manejar su fracaso. (Esa es una afirmación trágica. Un hospital ¿no puede manejar a los pacientes?) Y entonces dijo que habían decidido provocar un aborto.

— El día de mi boda — me contó — fue el peor día de mi vida. Becky, amo a mi esposo. Hemos tenido muchos hijos, pero sigo siendo atormentada. No sé adónde ir con mi culpa porque creo que he asesinado a una criatura inocente. Soy perseguida por la pregunta: ¿Qué he destruido? Sé que Dios ama y perdona, pero no puedo alejarme de ese pensamiento: ¿Cómo pude haber asesinado a una criatura inocente?

Respiré profundamente y le dije:

— No sé por qué está tan sorprendida, ya que este no es su primer asesinato; es el segundo. Mi querida amiga, todos somos crucifixores cuando miramos la cruz. Usted parece sentir más culpa por matar a su hijo que por matar al Hijo de Dios. Todos nosotros, religiosos o no, buenos o malos, quienes abortamos o no, todos nosotros aparecemos como crucifixores cuando miramos a Cristo. Él murió por todos nuestros pecados, pasados, presentes y futuros. Lutero dice que cargamos los clavos de la cruz en nuestros bolsillos. Este no es su primer asesinato de un inocente. Es el segundo. Y estoy sencillamente sorprendida de que usted esté tan aterrada por haber hecho lo que no creía poder hacer.

DOBLE ASESINATO

Me miró con asombro y dejó de llorar.

— Tiene razón; es verdad — me dijo —. He hecho algo aún peor que matar a mi propio hijo. No importa que fue hace dos mil años que murió Jesucristo; murió por todos nuestros pecados. Y nunca he sentido el mismo remordimiento por matar al Hijo de Dios como por matar a mi propio hijo. Pero, Becky, lo que me está usted diciendo en realidad es que he hecho algo aún peor que la peor cosa que jamás pudiera imaginarme.

Asentí, y ella añadió:

— Becky, si la cruz me muestra como alguien aun peor de lo que pensaba, la cruz también me muestra que mi mal ha sido absorbido y perdonado. Oh Becky, hable de la gracia asombrosa.

Y vi una mujer literalmente transformada por la comprensión adecuada de la cruz.

¿Ve usted? Ella entró en la paradoja de la cruz. Es una cruz la que insiste en resaltar nuestra maldad para no dejarnos ninguna duda que lo que sea que hayamos hecho ha sido perdonado. Llegó con el remordimiento y la culpa de algo, y la paradoja de la cruz dice: "¿Usted cree que sea malo? Usted es peor de lo que piensa." Y si se ha perdonado lo peor que alguien pudiera hacer, que es nuestro pecado que envió a Jesucristo a la cruz, ¿cómo no puede haber sido perdonado lo que usted está confesando?

La cruz nos convence de que hemos sido aceptados como lo peor. Por eso podemos enfrentar nuestros problemas sin desesperación. Por eso podemos mirar las cosas más oscuras de nuestra vida sin paralizarnos; porque aun la confesión del pecado se puede ver dentro del contexto de la esperanza y el gozo porque la solución de Dios es tan maravillosa.

No hay nadie que pueda decir alguna vez: "Bien, Dios puede amarme, pero si Él supiera de verdad lo que hice . . ." Dios dice: "Sé lo que has hecho. Y has hecho más de lo que sabes que has hecho. Y te amo, y te perdono."

NUESTRA MUERTE

La segunda imagen que necesitamos tener en cuenta a medida que reflexionamos en la cruz es que fuimos crucificados con Cristo.

Pablo dice: "¡Tengo la noticia más maravillosa. Ustedes están todos muertos!" Y decimos: "Ese hombre estaba deprimido ese día. Creo que necesitaba un casete sobre consejería."

Pero ¿qué quiere decir? ¿Qué quiere decir que la cruz nos permite morir a algo? ¿A qué debemos morir? Dios quiere que seamos libres de las cosas que nos destruyen. Él quiere que estemos completos. Y la cruz nos dice que no tenemos que seguir viviendo bajo el dominio de nuestros impulsos, neurosis y pecados. Se nos ha dado una salida. No estamos perdidos en territorio enemigo. Hemos pasado al territorio de Dios. Se nos ha dado una alternativa. Y esa alternativa es la vida del Espíritu. Y es el Espíritu de Dios quien nos capacitará, nos infundirá poder, y nos ayudará a volvernos las personas que Dios ansía que seamos.

La batalla del pecado continuará, se lo puedo asegurar. Pero espero que haya saboreado el Espíritu de Dios y su vida interna y sus recursos para hacerlo una persona nueva.

LA EVANGELIZACIÓN Y LA CRUZ

Ahora ¿cuáles son las implicaciones de la cruz a medida que compartimos nuestra fe? Creo que una de las implicaciones más maravillosas de la cruz es que nos libera de seguir fingiendo inocencia. Vivimos en un mundo que está completamente aterrorizado porque lo lleguen a descubrir como insuficiente. Por todas nuestras baladronadas y alardes, el gran secreto de los seres humanos es que somos tan parecidos.

Una de las cosas maravillosas de la cruz es que nos libera para adueñarnos de nuestra maldad y no vivir en desesperanza por este motivo. Pretender ser inocente a la luz de la cruz es, según C. S. Lewis, como estar divorciado y pretender ser virgen. La integridad no significa que actuamos como si no tuviéramos ningún problema.

La integridad significa que dejamos de negar que sí tenemos problemas. Tenemos que abandonar nuestra codicia por la inocencia y cualquier ilusión que tengamos sobre nuestra inocencia. Nadie puede ser inocente después de la caída. La triste verdad es que todos estamos centrados desesperadamente en nosotros mismos. Somos auto absorbidos, auto preocupados, auto centrados. No hay una agenda que nos preocupe más que la nuestra. Esa es la enfermedad del pecado, y todos la tenemos.

Las buenas noticias son que una vez que reconozcamos que no somos inocentes, una vez que reconozcamos que tenemos un problema, Jesús dice: "¡Ya llega la ayuda!" Él quiere ayudarnos, y quiere liberarnos. El problema es que los cristianos parecen andar actuando como si fuera un pecado admitir que son pecadores.

EL MAYOR DE LOS PECADORES

Recuerdo haber escuchado a un famoso evangelista en la televisión decir:

— Las personas me preguntan: ¿Tiene usted luchas? Tal vez si, tal vez no. No se lo voy a decir; sólo acudo a Dios.

— Si, pero ¿no tiene riñas con su esposa o problemas con sus hijos?

— Tal vez si, tal vez no — dijo él —. No se lo voy a decir; sólo acudo a Dios.

Luego miró a la cámara y dijo:

— Oh hermanos, no cuenten todos sus problemas y tentaciones. Sólo sean campeones fuertes para Jesucristo. Actúen con valor.

¿Por qué tenía tanta dificultad ese hombre de reconocer incluso que era tentado? No estoy sugiriendo que él contara sus pecados ante los espectadores de la televisión, tan interesante como hubiera podido ser escucharlo. Pero tengo entendido que Pablo dijo: "Soy el mayor de los pecadores." ¿No hubiera sido alentador decir eso por la televisión?

Recuerdo que Pablo dijo que tenía un aguijón en la carne. Y no recuerdo que Jesús le dijera a Pablo: "¡Oh Pablo, por favor, quisieras callarte y actuar con valor! ¡Sé valiente! ¡Anímate!" El Señor le dijo: "Bástate mi gracia; porque mi poder se perfecciona en la debilidad."

Ese evangelista de la televisión hizo lo que con frecuencia hacemos. Tomó un mito secular y lo espiritualizó. Lo que en realidad había hecho era tomar el tema del Llanero Solitario y volverse un vaquero para Cristo. Estaba diciendo: "Lo único que necesito es a Dios y mi caballo. Si tengo un problema, se lo contaré a mi caballo." Y cabalgaron hasta el atardecer.

Ese no es cristianismo bíblico. ¿Qué significa la cruz con respecto a cómo evangelizamos? Significa que modelamos el arrepentimiento al reconocer que no somos inocentes. Tenemos un problema, y Dios nos ayuda, y es este proceso el que nos hace personas completas.

LA CRUZ DEMOCRÁTICA

Una segunda implicación de la cruz es que es muy democrática. Todo el mundo tiene problemas. Todos compartimos esto. No hay nadie que sea mejor que los demás. Todos necesitamos a Dios con desesperación. En consecuencia no hay campo para la superioridad ni para la inferioridad.

Ahora ¿qué significa eso, entonces, dentro del contexto de la evangelización? Significa que no podemos mirar a alguien del mundo y decir: "Oh, nunca podría identificarme con ellos. No son piadosos; son de los pecadores." Es como si la experiencia del pecado fuera algo extraño para nosotros.

Durante uno de los encargos de mi esposo Wes,

llegamos a tratar muy de cerca de una pareja de reporteros políticos. Helena era incluso, según las normas más seculares, un poco escandalosa. Era rimbombante y vestía de manera seductora. Yo la molestaba diciéndole que no me podía imaginar que había pagado dinero por tan poco material. Fumaba tabacos delgados y siempre hacía declaraciones cada vez que entraba en algún recinto. Llegué a conocerla y descubrí que era inteligente, sensible y que estaba atormentada. A sabiendas que yo estaba enterada que era casada y que tenía dos hijos, me contó que tenía una aventura con un hombre que también era casado y tenía hijos. Sentí un amor especial por ella y le conte mi vida. Y la animaba para que leyera la Biblia.

Recuerdo un día que vino a mi casa y dijo:

—Becky, tengo una pregunta específica sobre el Evangelio según San Marcos.

—¡Lo sabía! —respondí. He estado orando por usted y la aprecio, y siempre le estoy diciendo que necesita leer la Biblia. Es porque he estado haciendo eso.

—No, en realidad me encontraba con mi amante la semana pasada —contestó ella—. Él es judío, y muy inesperadamente se volvió a mí y me dijo: '¿Qué piensas de Jesucristo?' '¿Cómo dijiste?', pregunté yo. Él explicó: 'Bien, soy judío. Sé algo del Antiguo Testamento. Acabo de decidir que debiera saber algo del Nuevo Testamento, y he quedado tan sorprendido con Jesucristo. Hay algo muy lindo respecto a quién es. Así que pensé que tú pudieras contarme.' Le respondí: 'Bien, lo siento mucho, pero yo le llevo todas mis preguntas sobre religión a Becky.' Así que tenía una lista de todas mis preguntas, y la despedida de mi amante fue: 'La semana entrante cuando nos reunamos, entre otras cosas, ¡me gustaría estudiar el Evangelio según San Marcos!'

Bueno, he escuchado de ambientes raros para un estudio de la Biblia. Pero este se lleva el primer lugar.

— Mire Helena — le dije —, si usted de verdad va hacer un estudio bíblico con él y nunca ha leído la Biblia, estudiémosla juntas.

Ella dijo que estaba de acuerdo. Así que comenzamos a leer la Biblia. La primera vez que nos reunimos, se puso muy nerviosa y rígida.

— ¿Qué le pasa? — le pregunté.

— Bien, perdóneme, pero ¿puedo hacerle una pregunta personal?

— ¡Claro que sí! — le dije.

— ¿Cree que a la Biblia le moleste si fumo tabaco?

— Creo que lo puede soportar.

Así que encendió el tabaco. Ya nos encontrábamos leyendo el pasaje, cuando ella dijo:

— Perdóneme, pero ¿puedo hacerle otra pregunta?

— Por supuesto — le dije.

— ¿Cree que a la Biblia le importe si me tomo una copa de vino? — preguntó ella.

— Usted siempre puede preguntar, pero yo no sé.

Y desde ahí en adelante no reuníamos semanalmente para leer la Biblia, ella con una copa de vino o un tabaco en la mano. Y leíamos sobre Jesucristo. Fue asombroso observar sus respuestas.

Y recuerdo un estudio en particular sobre cuando Jesús estaba con la prostituta en el banquete de Simón. Helena me miró y me dijo:

— Becky, toda mi vida he pensado que no valgo nada. Y estaba segura de que si había un Dios, aunque no creo que lo haya, Él estaría de acuerdo con mi análisis. Nadie necesita decirme que estoy perdida. Sé que estoy perdida. Sé que estoy andando a tientas en la oscuridad. Pensé que si hay un Dios, el despreciaría mi ceguera y mi perdición. De lo que no puedo reponerme es que si una está perdida, Jesucristo la ama más que nunca. Y si está perdida, y una sabe que está perdida, probablemente esté cerca del reino de Dios. ¿Puede imaginárselo? ¿Yo cerca del reino de Dios?

— ¡Claro que puedo imaginármelo! — le dije.

— Becky, no puedo comprender la grandeza de Cristo.

Puse la Biblia a un lado y comencé a llorar.

— He sido cristiana durante veinte años — le dije —, y tampoco puedo comprender la grandeza de Cristo. No sé qué le va a pasar. Espero de todo corazón que se vuelva cristiana y que encuentre todo lo que Dios quiere, pero nunca será la misma.

Helena terminó la relación con aquel hombre. Está tratando que su matrimonio funcione. Ella y su esposo fueron enviados al extranjero, y un día me llamó.

— No soy cristiana todavía, pero estoy leyendo la Biblia, y se la estoy leyendo a mis hijos. Encontré un pastor y su esposa. No sé, Becky, ¡pero tienen algo que me hace recordarla! Francamente, la iglesia me parece un poco legalista.

HACIENDO IMPACTO

Deseo de todo corazón que ella llegue a conocer a Dios. Pero la pregunta que quisiera hacerle es: ¿Por qué tengo la libertad de identificarme con una mujer así? Porque la cruz me muestra que no soy diferente. Esa es la maravilla. ¿Cree usted que a Jesús quien fue a la cruz y murió por los pecados le importe que sean diferentes unos de otros?

La cruz me muestra que no soy diferente, y por eso es que tenemos esa tremenda unión con el mundo. Necesito ser perdonada tan desesperadamente como Helena. No puedo dejar de lado una taza de café sin necesitar que alguien me perdone y me ame, y esas son las maravillosas noticias: que somos amados y somos perdonados. Dios hace tanto por nosotros, más de lo que nunca podríamos soñar hacer nosotros por Él. Tenemos que reconocer que la cruz nos lleva a relaciones y al mundo de gratitud gozosa por todo lo que Dios ha hecho.

Así que ¿qué significa estar en casa, en el trabajo, o en la universidad para darle testimonio al mundo? Significa que tenemos que dejar de fingir inocencia y en cambio esforzarnos por la santidad. Significa que tenemos que llegar con brazos abiertos y abrazar al mundo, al compañero de apartamento, y al vecino tan estrechamente como Dios lo ha abrazado. Usted no necesita irse ahora mismo al extranjero. Sea un misionero donde está. Prepárese, y ame con el amor de Jesucristo.

Rebecca Manley Pippert

5

CÓMO SER TESTIGO

*C*ierto día en un avión me senté junto a un profesor de aspecto más bien intelectual. Nos enfrascamos en una conversación interesante y estimulante, tenía la intención de contarle sobre mi fe en el momento oportuno. Pero de manera abrupta me preguntó en qué trabajaba. Como de costumbre, dije:

— Trabajo en la obra cristiana.

(Una cosa es ser cristiano; otra cosa es trabajar para el cristianismo.)

Una mirada de asombro se extendió por su semblante. Como el neoyorquino que mencioné antes, seguro que estaba pensando: "¡Qué raro! ¡*Parecía* tan normal!" De inmediato su comportamiento cambió, y era evidente que trataba de encontrar las palabras adecuadas para emplear con el "tipo cristiano". Preguntó, con cierta condescendencia:

— Bien, ¿cómo se llama su pequeña organización?

— *InterVarsity Christian Fellowship* (organización estudiantil con sede en los Estados Unidos) — le contesté.

Se veía aturdido.

— ¿Hay algo malo? — le pregunté.

— No, nada realmente. Es que . . . bien . . . usted no parece una deportista cristiana.

"Varsity" se refiere a competencias deportivas.

Pensando en ese instante que estaba burlándose, le dije:

— Bueno, sí, juego baloncesto para Jesucristo. Es una manera de vivir.

— Ah, estoy seguro de que debe ser muy remunerativo — dijo sin titubeo.

Fue una gran tentación seguirle el juego a su comportamiento religioso fingido y decir: "Sí, es una bendición insignificante. Usted sabe, nunca perdemos un partido." Sin embargo, con un dominio poco común, le dije:

— No, en realidad esa fue una broma. Nosotros a veces hacemos chistes. Sin embargo, usted me preguntó si mi trabajo era remunerativo. Preferiría decir que es tremendamente fascinante.

Y casi a pesar de sí mismo preguntó:

— ¿Fascinante? Bien, ¿por qué?

— Porque trabajo con estudiantes — le respondí —. Y constantemente enfrentamos las preguntas: '¿Cómo sabemos que algo es verdad? ¿Cómo sabemos que no estamos tomando nuestro propio mundillo y marcándolo como realidad? ¿Hay algún fundamento para nuestra fe o sólo es el deseo de realización?'

— Tal vez usted no crea esto — contestó —, pero esas preguntas pasaban también por mi mente. Bueno, ¿qué clase de evidencias tiene?

Y así hablábamos de la evidencia de la fe cristiana. Luego dijo:

— Fuera de la evidencia creo que lo que más me impresiona de esta conversación es que usted parece ser una persona de esperanza y no de desesperanza. ¿A qué se debe?

Luego pude decirle durante los últimos cinco minutos de nuestro descenso que la razón es Jesucristo.

RECONCILIACIÓN

¿Cómo llegamos a hablarles de Cristo a nuestros amigos? Como comunicadores hemos sido hechos "representantes de la reconciliación". La palabra es reconciliación no confrontación. Somos llamados a ser pescadores de hombres, no cazadores. Cuando escuchamos con cuidado a ver donde están, cuando picamos su curiosidad, cuando discernimos cuáles son sus defensas contra el cristianismo y las citamos antes que ellos, cuando hacemos estas cosas dejamos ver que nos interesan.

Mi experiencia con el profesor fue muy diferente a la de mi turbación cuando anuncié por primera vez el evangelio. En esa época me encontraba en España como estudiante a nivel de licenciatura. Sabía que Dios me había llamado a ser testigo, pero durante los primeros meses le permití a los temores y a las inseguridades de testificar de Cristo, así como a mi incomodidad de ser testigo en otra cultura y en otro idioma, que me atemorizaran.

Por ejemplo, un día estaba leyendo la Biblia cuando una amiga cínica entró en mi dormitorio inesperadamente y me preguntó:

— ¿Qué estás leyendo?

¡Estaba segura de que pensaría que yo era una fanática religiosa no sólo por leer mi Biblia sino por hacerlo en un día de entre semana! Así que rápidamente escondí la Biblia debajo de otros libros y traté de aparecer lo más indiferente que fuera posible.

— Oh, nada en realidad.

— Sí estabas leyendo. ¿Qué era?

— Oh, nada importante —contesté.

— Becky, ¿qué estabas leyendo? — preguntó con tono de exigencia.

— ¡Está bien! ¡Es la Biblia! — le confesé.

Y me porté de esa manera para que no pensara que era ¡rara!

Poco a poco comencé a darme cuenta de que somos llamados a exponer nuestra fe, no imponerla ni a esconderla. A medida que leía los evangelios y vi cuán bellamente Jesús trataba a las personas comencé a liberarme.

Es una larga historia, pero Dios me dio un antídoto para mis temores y mi timidez sobre el hablar de mi fe. Por la época en que salí de España, y por medio del gran estímulo de mi compañera de habitación, Ruth Siemens, Dios usó un estudio bíblico que dirigía para ganar a cinco personas (incluso ateos reconocidos y a un marxista) para Cristo. Hasta ese momento nunca había visto a nadie convertirse al cristianismo. Hoy soy la madrina del hijo de uno de los anteriores ateos. Si me hubiera preguntado en ese momento si alguno de esos cinco estudiantes parecía estar abierto a Dios, me habría reído a carcajadas. Pero no podía ver sus corazones, ni el poder del Espíritu de Dios para penetrar sus corazones. Así que recuerde: ¡Todos somos padrinos potenciales!

LA COMPASIÓN: EL LLAMADO A AMAR

Aprendí que aun más que nuestras palabras, Dios usa la forma como amamos a los demás con el amor de

Cristo para construir su reino.

Jesús enseñó constantemente que, si somos sus seguidores, nuestra vida llevará el sello de profundo amor: para Dios, para nuestros vecinos y para nosotros mismos. Si hemos de ser testigos eficientes, nuestra vida tiene que estar dominada por su amor, no sólo por la actividad religiosa. Nuestra sociología debe reflejar nuestra teología. La forma como tratamos a los demás será la señal más clara con respecto a cómo pensamos que es Dios. La primera Biblia que la mayoría de las personas leerá, mucho antes que lleguen a leer el Libro, será nuestra vida.

Y a medida que viajo a las escuelas, colegios y universidades, veo estudiantes que se alejan de la mentalidad del "nosotros y ellos" que aísla a los cristianos del mundo excepto para una reunión evangélica ocasional. Hay menos del síndrome de los "grupos santos"; menos de la mentalidad de la "escuadra de Dios" local; menos manipulación y pocos trucos y más compromiso verdadero con las personas que queremos ganar. Hay más del verdadero compartir de nuestra vida — las fortalezas y las debilidades — que el sólo predicar e irse.

LOS CRISTIANOS DE MADRIGUERA

John Stott dice que no debemos ser "cristianos de madriguera". El cristiano de madriguera es el que abandona a su compañero de habitación, sale corriendo para la clase, y mira alrededor de todo el salón buscando encontrar a un cristiano para sentarse a su lado, lo cual es una manera rara de acercarse al campo de las misiones. Entonces va a la cafetería para almorzar y se sienta con todos los demás cristianos. "Alabado sea

Dios — dicen estos cristianos —. ¡Los sesenta de nosotros aquí comiendo juntos! Qué testimonio para todas esas personas allá afuera que comen solas!" Y luego el cristiano de madriguera va a una reunión de oración y ora por todos los que no están salvados en su residencia estudiantil.

Para mí eso es la inversión más insidiosa de lo que significa ser la sal y la luz. ¿Cómo puede ser usted la sal de la tierra si nunca ha salido del salero? Somos llamados a amar con el amor de Cristo. Creo que todos en realidad sabemos eso. Así que, ¿por qué continuamos luchando?

En primer lugar somos demasiado complacientes. Mi pastor, Edward Bauman, cuenta la historia de tres demonios. Analizaban la estrategia a usar para evitar que los cristianos fueran eficientes. Uno de ellos dijo:

— ¡Yo sé qué hacer! Digámosles que no hay infierno ni castigo. Entonces no van a sentir ningún temor.

— ¡No, ya lo tengo! — dijo el otro —. Digámosles que no hay cielo ni ninguna esperanza de recompensa.

— ¡Esperen! ¡Yo sé qué hacer! — dijo el tercero —. Sólo digámosles que no hay prisa. Que todo es verdad, pero no hay necesidad de apurarse, porque no hay urgencia alguna. Sólo hay que convencerlos de que tienen mucho tiempo.

Pero hay una urgencia apremiante. El reino de Dios está cerca. Gabriel Fackre dice que para ser un testigo eficiente usted debe comprender la historia y divulgarla. Así, que en segundo lugar, es necesario comprender la historia. Eso significa que usted tiene que entender lo que cree; usted tiene que saber de lo que está hablando y no simplemente recitar versículos de la Biblia. Participe durante el año escolar en estudios bíblicos. Utilice su época de vacaciones para profundizar su conocimiento de la fe asistiendo a buenas convenciones o institutos bíblicos. Vaya donde pueda profundizar su comprensión para que comprenda la historia.

DIVULGUE LA HISTORIA

En tercer lugar, tenemos que divulgar la historia. Necesitamos trabajar en el desarrollo de nuestras capacidades de comunicación. Analice su estilo de comunicación, descubra sus zonas débiles. Por ejemplo, ¿es usted tímido o cauteloso? ¿Se siente intimidado porque nunca puede pensar cómo comenzar una conversación, mucho menos cómo llevar la conversación al tema de Dios? ¿Con frecuencia no se da cuenta de las necesidades de las personas? Pídale a Dios que lo haga más sensible y perceptivo.

Pero recuerde que la llave de la comunicación es la capacidad de amar como Cristo amó. Jesús colocó a un niño en medio de los discípulos y dijo: "Cualquiera que recibe a uno de estos me recibe a mí." Eso es poderoso. Significa que cualquier persona que tocamos, Jesús la está tocando también. Significa igualmente que cuando toco a una persona, estoy tocando algo de Jesús mismo, sin importar cuán penoso sea el disfraz. ¿Cómo está tratando a Jesús de acuerdo como lo ve todos los días?

C. S. Lewis entendió eso muy bien. En *El peso de la gloria* dijo:

Es cosa seria vivir en una sociedad de posibles dioses y diosas, para recordar que la persona menos interesante y opaca con quien usted hable puede un día ser una criatura que, si usted la viera ahora, estaría fuertemente tentado a

adorar, o de otra manera un horror y corrupción
tales como las que ahora encuentra, si acaso,
sólo en una pesadilla . . . no hay personas ordi-
narias. Usted nunca ha hablado con un simple
mortal . . . Son inmortales las personas con
quienes nos chanceamos, trabajamos, nos casamos, despreciamos, y explotamos; horrores inmortales o esplendores eternos . . . junto al Santo Sacramento mismo, su vecino es el objeto
más santo presentado a sus sentidos.

Un testigo tiene compasión.

EL COSTO: LLAMADOS A HACER JUSTICIA

Un testigo también tiene que saber el costo de la fe.
Hace unos pocos años, me encontraba sentada en un
juzgado y escuché a un juez dictar sentencia de prisión
contra alguien a quien estimo muchísimo. Esta persona
permaneció tras las rejas por algún tiempo. Fue una
experiencia demoledora para mí. Muy pocos incidentes
de mi vida me han recordado tan formidablemente de la
maldad y las inevitables consecuencias del pecado. Pero
descubrí algo más. De pronto versículos sobre el interés
por los prisioneros — versículos que siempre me habían
parecido tan distantes — ahora parecían estar apuntan-
do hacia mí. Y me volví a maravillar de la profundidad
de la identificación de Jesús con el pobre y el oprimido.
El Hijo de Dios, el Príncipe de paz también fue un
condenado.

Fue una crisis personal la que me sensibilizó a las
palabras de Jesús que también debemos estar preocupa-

dos por los prisioneros, naturalmente, de la misma manera que otras personas necesitadas. Le dije a Dios que quería hacer algo para seguir su Palabra.

Una semana después de la sentencia, recibí una llamada inesperada de parte del ministerio de prisiones de Charles Colson preguntándome si consideraría enseñar dentro de las cárceles, así como dar conferencias en un seminario para once mujeres condenadas quienes se habían convertido a Cristo recientemente. La experiencia del seminario se convirtió en uno de los puntos resaltantes de mi ministerio de enseñanza de ese año. Cuando llegué estaba asustada. Pero me tranquilizaron con su calor y humor y con su comprensión de mis propias heridas, todavía frescas con motivo de la sentencia de mi amigo en el juzgado. Recibí mucho más de ellas de lo que les di. Demostraron el milagro de las personas que han pasado de una gran oscuridad a la gloriosa luz de Cristo. Muchas de ellas todavía oran por mí desde sus celdas.

Este es un pequeño ejemplo de como cada uno de nosotros tiene que responder de manera individual al mandato de Jesús de visitar a los presos, dar de comer al hambriento, vestir al desnudo, liberar a los oprimidos. Pero esto, en cierta forma, es fácil porque es en una dimensión. Esas mujeres todavía tienen que regresar a las condiciones de vida miserables de la cárcel que con demasiada frecuencia hacen más para mejorar sus habilidades criminales que para reformarlas. Y cuando salen, ¿serán capaces de encontrar trabajo? ¿Cómo manejarán una sociedad que sospecha de ellas? ¿Y qué de las relaciones personales tensas a las que regresan?

En otras palabras, no es suficiente que sencillamente amemos a los prisioneros ofreciéndoles nuestra amistad y dándoles testimonio. Estamos de igual manera atados por la obligación según la Biblia de atacar el problema del delito y el castigo a nivel de las estructuras. Las instituciones, así como los individuos, son pecaminosos. Y Dios nos llama a redimir las estructuras de nuestra sociedad así como a las personas dentro de ellas. Hay tantos temas que tenemos que confrontar a la luz de la Biblia: las armas nucleares, la pobreza, el racismo, la discriminación sexual, el terrorismo. No puedo decirle donde comenzar, sólo que usted tiene que hacerlo, tanto a nivel individual como a nivel de la sociedad.

LA PROSPERIDAD Y LO SUPERFLUO

Me encontraba sentada en la iglesia de mi familia una noche de Navidad, y las palabras que el pastor leyó me llegaron al corazón: "Yo el Señor amo la justicia."

Tenemos que amar de manera íntima a aquellas personas que Dios nos acerca. Pero otros, a quienes nunca conoceremos, también Dios nos llama a amar por medio de la búsqueda de la justicia, la misericordia y la imparcialidad.

Usted puede preguntar: ¿Qué tiene que ver el llamado de Dios a la justicia con la evangelización? No se equivoque. La manera como busca la misericordia y la justicia para los demás autentica el mensaje que predica. Si su testimonio de Dios no refleja nada de la preocupación de Dios por los oprimidos y los necesitados y los que sufren en este mundo, habrá muy poca autenticidad en su testimonio.

Jesús nos dice que no tenemos que preocuparnos por lo que vestiremos y comeremos, porque Dios nos cuida y proveerá. ¿Cómo reconcilia eso con los niños muriéndose de hambre con estómagos inflados y dos pequeños tacos por piernas? ¿Estaba Jesús equivocado? O ¿es que Dios provee sólo para los conversos, es decir, si los niños no fueran hindúes o budistas no estarían muriéndose de hambre? No. Somos los representantes de Dios para cuidar un mundo adolorido. Somos sus agentes de misericordia y de sanidad. ¿Podría ser que tenemos que compartir parte de la culpa por la miseria del mundo porque a cambio de dar de nuestra abundancia, hemos pensado más que todo en nuestras propias necesidades y lujos?

En toda mi vida, nunca he estado angustiada por *nada* que no fuera algún lujo. ¿Sé da cuenta en qué porcentaje de la población mundial me coloca? ¿Y de la aterradora responsabilidad? La Biblia es insistente en su énfasis sobre la especial preocupación por los pobres, los solitarios, los oprimidos. No se equivoque; no podemos separar el llamado a la justicia del verdadero discipulado.

Algunos pueden decir: "Ah, pero ahora soy estudiante. Necesito estudiar y después me preocuparé por esos problemas mundiales." Sí, usted está en la universidad para estudiar. Pero la forma como usted enfoque estos años va a determinar en su mayor parte la forma de su vida futura. El Hijo del Hombre no vino para que le sirvieran sino para servir, y para dar su vida en rescate por muchos.

LA JUSTICIA A LOS DEMÁS

Lo que dificulta escuchar el llamado de la justicia a los demás es que nos exige que miremos nuestra propia situación; nos insta a dar y servir al pobre a cambio de vivir satisfaciendo deseos personales. Y eso es difícil porque nuestra cultura es el lente a través del cual vemos el mundo. No vemos los excesos propios porque miramos con los ojos de nuestra cultura. Si no somos honrados con respecto a las fortalezas y las fallas de nuestra cultura y no llevamos estilos de vida según la Biblia, cometeremos errores inmensos en el campo de las misiones.

Analice estas dos convenciones cristianas a donde tuve la oportunidad de hablar para obtener alguna comprensión de nuestra propia cultura. Una fue en Sudamérica y la otra en Norteamérica.

En Bogotá, Colombia, un grupo de líderes estudiantiles cristianos decidieron crear su propia convención de vacaciones. Sus vacaciones consistieron en ir a los más pobres de los pobres de Colombia, y vivieron en un pequeño pueblo donde hace un calor insoportable. Les enseñaron habilidades y destrezas, hablaron de la salvación, y sencillamente amaron a las personas al alegrarse con ellas. Los vi la primera noche de su regreso, resplandecientes por su servicio. No sólo dieron de su abundancia. Dieron hasta que les dolía. Pero sólo sentían gozo.

Compare eso con una convención para jóvenes en Norteamérica. Se me dijo esa noche que cuando el anunciador dijera: "¡Aquí está Becky!", yo tenía que pasar por una puerta giratoria bajo un arco de luces relampagueantes. Debía ser seguida por un león que tenía que pasar por la misma puerta con luces relampagueando y rugiendo al recibir una señal. El león y yo éramos seguidos por una banda de *rock* cristiano y un comediante cristiano. Fue como un pésimo programa de televisión. Cuando pregunté a qué se debía esa diversión escandalosa, la respuesta fue: "Es que eso de verdad les llama la atención."

No podía decidir qué era más deprimente: que ellos pensaran que necesitaban luces relampagueando, leones, comediantes y bandas de *rock* para llamar la atención de los estudiantes hacia Cristo, o que pensaran que yo sería la oradora ideal para tal acontecimiento.

Los primeros cristianos eran echados a los leones por ser tan radicales que el mundo quería silenciarlos. ¡Ahora traían leones para que nos diviertan! Me preguntaba lo que mis hermanos colombianos pensarían si vieran ese espectáculo. Me temo que pensarían que los marxistas tenían razón, que el cristianismo de los Estados Unidos con demasiada frecuencia es puro materialismo con un poquito de Dios rociado por encima.

Cada celebración tiene que ser moderada por una sensibilidad hacia los pobres, los que se mueren de hambre, las urgentes necesidades de las calles de la ciudad. He sido atracada a punta de pistola y mi casa fue saqueada dos veces este año. Los culpables son, por lo menos en parte, producto de nuestra época.

¿QUÉ PUEDE HACER?

Así que ¿qué puede hacer usted? Comience por desear ser un buen mayordomo de sus recursos. Tome en serio la palabra de Jesús con relación al dinero. No tiene que vestirse sin estilo o sin gusto. Pero vuélvalo un juego. Trate de ganarle al sistema. Busque buenas realizaciones, y lo que ahorre puede donarlo de manera constructiva a los pobres. Recuerde que su dinero es un don de Dios para usarse para sus fines. Piense sobre cómo va a usar su carrera y su sueldo y su posición profesional para ser un siervo de Jesucristo.

No hay ninguna otra zona en la que más tiemble

delante de Dios en mi vida que ésta. Si su vida no refleja la justicia del llamado de Dios, si no refleja el servicio, su evangelización estará vacía de poder y autoridad. Un testigo es alguien que sabe el costo de la fe.

EL CARÁCTER: LLAMADO A LA SANTIDAD

Por último, somos llamados a la santidad. Jesús les dice a los discípulos en el Sermón del Monte: "No seáis como ellos." Él nos dice que debemos ser diferentes de lo que es el mundo.

Tengo una amiga lindísima quien, en medio de una crisis personal, posó para la revista *Playboy*. Algún tiempo después hizo un compromiso de fe a Cristo. Hace poco tiempo *Playboy* le pidió hacer otra serie y le ofreció suficiente dinero como para comprar tres o cuatro automóviles costosísimos.

Ella me preguntó con gran sinceridad: "¿Puedo posar para *Playboy* ahora que soy cristiana?" No la condeno. Estaba de verdad tratando de entender qué significa ser cristiano. En cambio, siento pena por nosotros el cuerpo de Cristo que nuestro modelo de santidad ha sido tan débil y tan gastado que ella tuvo que hacer esa pregunta.

¿Por qué no debe hacer ella esa pregunta, cuando hay personas que dicen ser nacidas de nuevo y continúan "dándose la gran vida" (por ejemplo, la estrella que dice haber nacido de nuevo y demuestra su testimonio cantando en los brazos de alguien: "Contigo he nacido otra vez"). El capellán del senado, Richard Halverston, dice: "Los evangélicos parecen haber recibido más influencia del mundo de lo que han influido en el mundo."

PERSONAS SANTAS

Necesitamos con urgencia volver a examinar lo que significa ser personas santas. Con demasiada frecuencia nos hemos contentado con una comprensión estrecha de la santidad. En una época se decía: "No fumo, ni tomo, ni bailo, ni uso drogas, ni salgo con mujeres que lo hacen." Era lo que caracterizaba nuestra comprensión de la santidad. Hoy día nos felicitamos, sintiéndonos orgullosos porque no somos tan legalistas como lo eran nuestros padres. Sin embargo, en nuestro propósito de identificarnos con el mundo (lo cual *tenemos* que hacer) ¿hemos olvidado el llamado a ser diferentes? Identificarse no es ser idéntico. Hemos de caminar junto con nuestros prójimos con comprensión, pero sin comprometer nuestra diferencia.

Así que ¿qué es santidad? Para entender la santidad tenemos que mirar la cruz y la resurrección. Por lo tanto, la primera cosa esencial es que somos llamados a morir. Pablo dice en Romanos 6 que cuando Jesús murió usted también murió. Él quiere decir con eso que todo lo que siempre ha mantenido a Dios alejado de usted no lo puede controlar más. Ser un testigo es ser santo, y si Jesús es nuestro modelo, entonces lo primero que tenemos que hacer es estar dispuestos a morir.

EL LLAMADO A MORIR

Juan 12:24 dice: "De cierto, de cierto os digo, que si el grano de trigo no cae en la tierra y muere, queda solo; pero si muere, lleva mucho fruto." La manera de sentir el poder de nuestra vida en Cristo, la forma de ser un testigo eficiente, es morir al pecado. Usted ha de morir a aquello que es destructor y mantiene alejado a Dios.

Sería mucho más sencillo si dijera: "Cuando usted vea cosas en su vida que no debieran estar allí, trate de esquivarlas no fijándose en ellas o pasándolas por alto." Pero la Biblia dice que tenemos que *morir*. Es un absoluto en una época que ama los puntos de vista personales. Tenemos puntos de vista para todo: cómo atrapar un novio, cómo tener buen aliento, cómo testificar. Pero Dios dice que nuestro punto de vista es nuestra bancarrota, cuando por fin admitimos que estamos quebrantados, que no podemos dominar nuestra vida.

Vivimos en una década narcisista del "mí". Con su énfasis en mis derechos, mis deseos, mis necesidades, nuestra cultura dice que ser fuerte es estar en control. La Biblia dice que nuestra fortaleza viene al darnos cuenta de nuestra incapacidad.

Cuando por fin admitimos que para toda la manipulación que intentamos, cuando de eso se trata, no podemos controlar las cosas que más nos importan: la vida, la salud, nuestro cónyuge o nuestros amigos, el destino de nuestros hijos. Aun nuestro dinero está sujeto a las vicisitudes de las políticas económicas del gobierno. A Dios le complace recibir nuestra renuncia como administradores autonombrados del universo. Algunas veces tenemos que ser heridos antes de aprender a renunciar. No podemos morir a menos que estemos dispuestos a ser sinceros con respecto a nuestros pecados. Nos hemos vuelto demasiado buenos para creer en el pecado.

Poco antes de morir el obispo Fulton Sheen dirigió la palabra ante los asistentes al Desayuno Nacional de Oración en los Estados Unidos . "Buenos días, compañeros pecadores", le dijo a ese público político y espiritualmente exclusivo. Se movieron incómodamente. Él dijo: "Soy católico. Durante años nuestra doctrina de la

Inmaculada Concepción nos separó. Nunca pensé que viviría para verlo, pero esa doctrina ahora parece ser aceptada universalmente, pues hoy *todos* parecen creer que fueron concebidos inmaculadamente." Una de las dificultades de estar dispuesto a morir es que hay tan pocos cristianos que son honrados con respecto a su pecaminosidad.

Conozco a una mujer cristiana de edad avanzada. Es una santa inspiración para mí en la pureza de su fe. Pero no es un modelo útil en otras formas pues siente que no es espiritual admitir que lucha. En consecuencia, parece muy ingenua con respecto a la emboscada del mal. En una ocasión me dijo: "Bien, voy a ser honrada y a decirle lo que de verdad quiero confesarle. No escribo suficientes cartas." ¿Es por eso por lo que murió Jesucristo? ¡Debió haber ahorrado su sangre si eso era lo único que andaba mal!

VALEROSO PERO NO ORGULLOSO

Una persona santa tiene que saber cómo morir. Así que no sea ingenuo con respecto al mal que lo rodea. Sea honrado con relación a lo que lo tienta. Sepa qué cosas por la gracia de Dios usted tiene que hacer morir. Observe con claridad qué es lo que le motiva.

Agustín decía que la causa de la mayoría de los pecados era el *orgullo* (autoengrandecimiento) y la *sensualidad* (autogratificación). Lutero consideraba que la causa de la mayoría de los pecados era la *incredulidad*. Muchos teólogos modernos creen que el pecado se manifiesta por la *ansiedad*, la *inseguridad* y la *enajenación*. Conózcase a sí mismo lo bastante bien como para confesar la raíz del problema, no sólo el síntoma. Quisiera poder decirle que encontrará muchos modelos cristianos que lo alentarán con respecto a esto. Incluso puede ser que no los encuentre.

Sea que encuentre modelos positivos o no, los cristianos no tienen excusa para ser ingenuos con respecto al mal. ¡El cielo no estará lleno de inocencia! El cristiano en el cielo dirá: "¡Por la gracia de Dios y mi sudor por fin estoy en casa!"

Nunca se sienta avergonzado de luchar contra el pecado. ¡Luchar puede significar que usted está vivo ante Dios! Usted ha visto lo que Dios desea y qué tan lejos está de ser la persona que Él quiere que sea, y usted está dispuesto a entrar en la lucha, para permitirle a Dios que lo cambie y lo transforme a su semejanza.

Usted tendrá que ser valeroso. Tiene que aprender a decir no. Si usted peca ahora puede ser que sólo se lastime a sí mismo o lastime a otro. Pero parte de la complejidad de madurar es que su vida se entreteje íntimamente con otras. Si usted no está dispuesto a decir no ahora, cuando lleguen las tentaciones futuras (y puedo asegurarle que llegarán) su incapacidad de decir no, no sólo lo lastimará a usted, sino también a quienes más quiere.

Debemos tener una voluntad fuerte. Eso es difícil porque somos mimados. Sabemos muy poco del costo de nuestra fe. Mientras que una inmensa cantidad de creyentes alrededor del mundo han tenido que sacrificar a sus familias, sus empleos y su alimento, respondemos como mártires si Dios nos llama a vivir sin que *algún* deseo se nos haya realizado por completo. Mientras que otros viven agradecidos porque pueden leer una Biblia sin tener que ir por eso a la cárcel, nos quejamos porque como solteros se nos exija mantenernos vírgenes.

La mayoría de los jóvenes desean saber si se casarán. La gran mayoría lo hará. Pero ese no es el verdadero problema. El desperdiciar tanto tiempo con la expectativa del matrimonio es ocioso. Si Dios quiere que nos casemos, Él se encargará de eso. Lo ha venido haciendo durante siglos.

El verdadero problema es: Una vez que estemos casados, ¿qué clase de cónyuges vamos a ser? ¿Seremos fieles? ¿Seremos siervos? ¿Viviremos en armonía? ¿Criaremos hijos piadosos? Nuestras respuestas estarán determinadas por el carácter que estemos desarrollando ahora, y si estamos dominando patrones de vida piadosos.

Si usted cree que eso tiene poco que ver con la evangelización está equivocado. Wes y yo hemos oído de un lamentable número de divorcios entre evangélicos y con frecuencia se hace la misma afirmación por parte de los cónyuges: "Es una lástima, pero Dios perdona." Sin duda, es verdad que Dios perdona. Pero ¿por qué no escuchamos también que a Dios le interesan las promesas? ¿Qué clase de testimonio, para el poder de Dios de reconciliar y sanar, es la tasa de divorcios evangélicos?

PECADORES PERO SALVOS

Hemos de ser personas santas. Eso incluye estar dispuestos a admitir que hemos pecado. Esa es la parte negativa. Sin embargo, también hay un lado positivo en esto de ser santo. La parte positiva ha de verse en la resurrección. Encontramos en Romanos 6 que cuando Jesús resucitó nosotros resucitamos también. Ha llegado el momento de poder volvernos personas nuevas. Lo viejo ha muerto. Podemos abandonar lo viejo e identificarnos con lo nuevo. Podemos decir: "Mi pasado ha sido cubierto por la sangre de Jesucristo y he sido hecho nuevo. La resurrección se convierte en mi actitud mental. Le da forma a todo lo que soy y lo que hago." Si queremos ser santos tenemos que saber cómo morir y cómo vivir. Tenemos que morir al pecado para que podamos vivir para Cristo.

Satanás hará cualquier cosa en su poder para convencerlo que usted no es nuevo. Por ejemplo, suponga que usted es tímido y va a una fiesta. Alguien comienza a hablarle, pero usted no puede pensar en nada que responderle. Hay unos largos silencios. ¿Cuál es su pensamiento durante ese silencio? Piensa: "Soy muy tonto. Nunca puedo pensar en algo que decir. Esto es vergonzoso. ¿No sé por qué vengo a estas reuniones?"

O piensa: "Mi timidez vuelve a notarse, esa es la verdad. Pero ¿no es muy considerado por parte de la anfitriona invitar a la realeza a la fiesta? (Porque soy un hijo del Rey.)"

O suponga que hay alguien a quien desea dar su testimonio, pero tiene miedo. Un día ella lo acorrala y le dice: "Estoy encantado de verlo. Hace tiempo que estaba por preguntarle con respecto a su fe." Está hecha la pregunta y no la puede contestar. ¿Qué piensa? Piensa: "¡Lo sabía! he debido salir corriendo cuando la vi venir. ¿Por qué me meto en estas cosas?" O piensa: "¿No es esto estimulante? No sé la respuesta a esa pregunta; pero Dios dice que Él se glorifica en la debilidad."

O imaginemos que no mucho tiempo después que termine de leer este libro, tiene un revés; usted peca. Es su pensamiento: "Ahí está, lo ve, ¿quiere saber lo que de verdad soy? Mire lo que hice. Ese soy yo: un paso adelante, y diez atrás." O piensa: "¿No es asombroso que yo hiciera eso? ¿No es asombroso que hiciera algo tan opuesto a mi nueva naturaleza?"

Hay un mundo de diferencia en estas respuestas. La una refleja el reino de Dios; la otra refleja el mundo.

Usted es llamado a ser testigo. Y usted será un testigo. Y usted será testigo cuando tenga compasión; será testigo cuando se dé cuenta del costo que refleja la justicia del evangelio; será testigo cuando su carácter sea formado por Dios y usted sepa cómo vivir y cómo morir.

Rebbeca Manley Pippert

¿Cuál es su disfraz?

Los discípulos de Jesucristo usan muchos uniformes y proceden de todos los ámbitos sociales.

En *Discipulado para todos*, Stuart Briscoe explica el significado bíblico de ser discípulo y cómo, aunque cambien los tiempos y las culturas, no cambian la invitación y el reto de Jesucristo. Briscoe nos recuerda que, cualquiera que sea nuestra vocación y residencia, somos ante todo discípulos.

El autor aclara que el discipulado no es un curso, una serie de ejercicios espirituales ni el privilegio de un grupo selecto, sino una relación tan estrecha con Jesucristo que influya en toda la vida con su poder transformador.

Aprenda a dar los primeros pasos en su vida cristiana

Usted ha aceptado a Jesucristo como Señor y Salvador. Ahora que es de El ¿cómo puede crecer en su nueva vida? El contenido de este libro le ayudará a dar esos primeros pasos tan importantes para el desarrollo espiritual. Temas como el bautismo, el Espíritu Santo y la oración forman parte de esta obra.

UN MANUAL PRACTICO DE EVANGELISMO PARA OBREROS CRISTIANOS

Este libro es un práctico manual de evangelismo para obreros cristianos. Abarca principios de evangelismo, la base bíblica para el evangelismo, y métodos de evangelismo, personal y de masas.

Una necesidad para todo el que desea seriamente evangelizar. Enseña a los creyentes a hacer un mejor uso de cada oportunidad para testificar y evangelizar.

APRENDA A USAR TEXTOS CLAVE DE LA BIBLIA EN SU EVANGELISMO PERSONAL

En términos simples y fáciles de entender, Myer Pearlman enseña al creyente a usar los textos clave para tareas de evangelismo personal. Este libro es en realidad un estudio bíblico, lleno de pasajes relacionados con todas las cuestiones concernientes al evangelismo.

Este libro le ayudará a prepararse para su tarea de evangelismo personal. Un perenne éxito de librería, no debe faltar en la biblioteca del obrero cristiano.